HAGEN ERFORSCHEN

Eine Stadt als Laboratorium

KLARTEXT

HAGEN ERFORSCHEN

Eine Stadt als Laboratorium

Barbara Welzel (Hg.)

mit Texten von Birgitt Borkopp-Restle,
Birgit Franke, Rouven Lotz und Barbara Welzel

Konzeption von Birgit Franke und Barbara Welzel

Illustrationen von Frank Georgy

Impressum

Hagen erforschen
Eine Stadt als Laboratorium

Bibliografische Information der Deutschen Bibliothek
Die Deutsche Bibliothek verzeichnet diese Publikation in der Deutschen Nationalbibliografie; detaillierte bibliografische Daten sind im Internet über <http://dnb.ddb.de> abrufbar.

1. Auflage Juli 2010
Gestaltung: Frank Georgy (kopfsprung.de), Köln
Druck: Himmer, Augsburg

ISBN 978-3-8375-0351-7

www.klartext-verlag.de

Umschlagabbildungen
Hagen, Haus am Stirnband mit Philipp Valentin (Titelseite)
Hagen, Hohenhof (Rückseite)
Fotos: Roland Pieper, Münster / Illustration: Frank Georgy

INHALT

HAGEN ERFORSCHEN MIT PHILIPP VALENTIN

BÜSCH

Ich bin Philipp Valentin, Professor für Kunstgeschichte an der Universität in Dortmund. Und ich fahre oft nach Hagen.

Wenn ich in Hagen aus dem Zug steige, sehe ich zuerst die riesige Bahnhofshalle. Dieses alte Schwarz-weiß-Foto stammt aus der Sammlung von Karl Ernst Osthaus, von dem du in diesem Buch noch viel erfahren wirst. Es zeigt deutlich, wie sehr die Menschen am Anfang des 20. Jahrhunderts von der Konstruktion aus Stahl und Glas fasziniert waren.
Wer aus der Stadt zum Bahnhof kommt, sieht ein Gebäude aus Stein mit einem Uhrturm. Es wurde in den Jahren 1907–1910 erbaut. Man kann sagen, dass der Bahnhof zwei Welten verbindet. Die eine Welt ist die Stadt mit ihren Steinhäusern und den Straßen. Die andere Welt ist die Industrie mit der Eisenbahn und der Konstruktion aus Stahl und Glas.

Noch etwa 15.000 Schwarz-weiß-Fotos aus der Fotosammlung von Osthaus und seinem Verlag sind erhalten. Sie gehören heute einem der größten Fotoarchive der Welt für Architektur und Kunstwerke, das sich in Marburg befindet. Es heißt Bildarchiv Foto Marburg. Manche Fotos kann man nur ansehen, wenn man dorthin reist. Aber sehr viele Fotos kannst du auch im Internet finden: www.fotomarburg.de
Wenn du Fotos aus der Sammlung von Osthaus anschauen möchtest, musst du über die »Galerie der Archive« zu »Osthaus« klicken, dann weiter »zum Bestand«. Oder: von der Startseite zu »Bildindex« klicken, »alle markieren« und »Karl Ernst Osthaus Archiv« als Suchbegriff eingeben. Osthaus hat verschiedene Gruppen von Fotos gesammelt: Fotos von Kunstwerken in seinem Besitz, von modernen Gebäuden in Hagen und andernorts, weiterhin Fotos von modernen Vorbildern für die Gestaltung (zu dem mobilen Museum siehe Seite 126–127). Außerdem hat er eine große Fotosammlung zu Kunstwerken aus allen Epochen und Regionen der Welt angelegt.

Kunstgeschichte ist eine Wissenschaft. Erforscht werden Kunstwerke und Gebäude, manchmal sogar ganze Straßen oder Stadtteile. Ihre Gestalt wird genau untersucht. Dafür muss man sehr sorgfältig hinsehen. Kunsthistoriker versuchen, möglichst viele der Geschichten, die die Kunstwerke erzählen, zu entdecken und herauszufinden. Viele Kunstwerke, die noch heute erhalten sind, stammen aus einer früheren Zeit. Oft muss man dann viel lesen, manchmal nach alten Fotos suchen. Immer forschen Kunsthistoriker mit den Augen!
Was Kunstgeschichte ist, kann ich bereits am Bahnhof in Hagen zeigen. Hast du schon das kunstvolle Fenster in der Bahnhofshalle entdeckt?

Ich bin ein Stadtwanderer. Ich gehe in der Stadt auf Spurensuche. Alte Gebäude und alte Kunstwerke sind Zeugen der Vergangenheit. Ich kann sie mitten in den Städten finden. Auch in Hagen.
Als Wissenschaftler untersuche ich die Dinge genau. Man muss dabei die richtigen Fragen stellen, man diskutiert mit Freunden, und oft zieht man auch Experten heran. Und nie findet man alles heraus. Es ist wie ein Puzzle, bei dem Teile verloren gegangen sind. Trotzdem lässt sich das ganze Bild erahnen. Es macht Freude, in der Stadt auf Forschungstour zu gehen und viele Entdeckungen zu machen.
Häufig laufe ich mit meinem Freund Oskar Francke durch Hagen. Auch er ist Professor für Kunstgeschichte. Sein Spezialgebiet ist das Mittelalter in Dortmund. Doch kommt er immer wieder gerne nach Hagen.

Was ist Wissenschaft?
Wissenschaft ist auf Empirie gestützte Hypothesenbildung.

Ich habe mit meinem Freund Oskar Francke diskutiert, wie wir das am besten erklären können. Also:

Empirie: Man beobachtet die Dinge, die es gibt. Und man beschreibt sie möglichst präzise: mit Worten, mit Zeichnungen, mit Fotos. In unserem Fall: Forscherinnen und Forscher schauen Gebäude, Kunstwerke und überhaupt alle kunstvoll gestalteten Dinge genau an und untersuchen sie. Weiterhin fahnden sie in Archiven, ob sie Dokumente (etwa einen Vertrag, eine Rechnung oder einen Brief) zu den Werken, ihren Künstlern und ihren Auftraggebern finden. Außerdem suchen sie nach alten Fotos. Im Vergleich kann man sehen, ob sich etwas geändert hat.

Hypothesenbildung: Man probiert aus, welches die beste Geschichte ist, die man mit diesen Fakten und Dingen erzählen kann, ohne sie auszuschmücken oder etwas dazu zu erfinden. In unserem Fall: Man überlegt, welches die jeweils beste Geschichte ist, die man zu den Gebäuden, zu den Kunstwerken, ihren Künstlern, ihren Auftraggebern und ihrer Zeit erzählen kann. Manchmal möchten wir auch wissen, wie die Menschen früher in den Häusern gelebt haben, oder was sie mit den Kunstwerken und all den kunstvoll gestalteten Dingen gemacht haben. Man darf seine Fantasie dabei nicht durchgehen lassen und nichts dazu erfinden, sondern muss sich streng an die Fakten halten.

Eine meiner Lieblingsbeschäftigungen ist Spazierengucken. Kannst du dir vorstellen, wie das geht? Wenn ich irgendwo entlang gehe und es nicht eilig habe, lasse ich meinen Blick spazieren gehen. Dafür hebe ich die Augen, schaue mir Fenster und ihre Rahmen an. Oder eine besondere Form eines Daches. Oder eine Türklinke. Manchmal stehen Haustüren offen. Vielleicht erspähe ich dann ein schönes Treppengeländer oder einen sorgfältig gestalteten Fußboden. Natürlich sehe ich nicht nur schöne und interessante Dinge. Aber über die schönen Entdeckungen freue ich mich besonders: zum Beispiel über das kunstvoll gestaltete Fenster im Bahnhof. Ich sammle alle diese besonderen Dinge in meiner Erinnerung – wie Muscheln am Strand oder schöne Steine. Früher haben die Menschen oft auch Käfer, Schmetterlinge und Versteinerungen gesammelt. Ich habe schon viele Bücher von meinen Wanderungen gemacht: mit meinen Notizen, mit Zeichnungen und mit Fotos.

Manchmal fertige ich auch einen Plan von einem meiner Wege an. Mit einem englischen Wort kann man dieses Erkunden von Räumen und das Anfertigen von Karten auch Mapping nennen. Ich trage dann zum Beispiel Häuser, die mir unterwegs auffallen, in den Plan ein. Oder nur meine Fundstücke: die besonderen Fenster, Türklinken, Bodenfliesen – oder was ich sonst noch beim Spazierengucken gesammelt habe. Hast Du einmal versucht, einen Weg anhand von solchen Fundstücken zu beschreiben? Man kann die Karten zeichnen und malen oder kleben.

Mapping kann auch noch etwas anderes bedeuten: Man überlegt sich besondere Wege durch die Stadt oder durch einen Raum. Soll man überall gleich schnell gehen? Wo soll man stehen bleiben? Was soll man genauer anschauen? Du kannst also eine Stadtwanderung durch Hagen zu einem bestimmten Thema entwerfen. Und dann kannst du Freunde, deine Geschwister und Eltern oder Großeltern auf deine Stadtwanderung mitnehmen. Auch von diesen Wanderungen kannst du wieder Karten anfertigen... Vielleicht machst du sogar mit deinen Freunden eine Ausstellung mit euren Karten.

Das Fenster in der Bahnhofshalle hat eine ganz besondere Geschichte. Karl Ernst Osthaus hat sich dafür eingesetzt, dass dieses kostbare Fenster geschaffen wurde. Alle, die nach Hagen kommen, sollen durch das Kunstwerk begrüßt werden.
Es ist gar nicht so einfach, zu erkennen, was auf dem Fenster dargestellt ist. Das hat einen Grund: die vielen schwarzen Linien. Für dieses Fenster wurden nicht einfach durchsichtige Glasscheiben bemalt. Vielmehr wurde es aus bunt gefärbten Glasstücken zusammengesetzt – wie ein Mosaik. Was wir als schwarze Linien sehen, sind die Bleistege, die die Glasstücke zusammenhalten.
Es gibt zwei Liniennetze. Das erste Liniennetz besteht aus den senkrechten und waagerechten Linien, die wie ein Gitter durch das Bild gehen. Das zweite Liniennetz wird durch die Umrisslinien gebildet. Der Künstler hat für die Umrisse kein schwarzes Glas benutzt oder die Linien aufgemalt, sondern er setzt geschickt das Blei dafür ein. Ich habe mich gefragt, ob das Bild ohne das erste Liniennetz nicht viel besser zu erkennen wäre. Doch brauchte der Künstler die schwarzen Metallstege für die Konstruktion. Wie die mittelalterlichen Künstler in ihren Kirchenfenstern benutzte er farbiges Glas und setzte es in der alten Technik mit Blei zusammen. Zur Entstehungszeit des Hagener Fensters, im Jahr 1911, war es modern, solche Fenster aus farbigem Glas zu machen. Sie ergeben ein buntes Licht, das sich je nach Wetter und Tageszeit verändert. Johan Thorn Prikker, so heißt der Künstler, hat das bunte Licht geliebt. Er hat sogar gesagt: »Wie herrlich muss es sein, mit der Sonne selbst malen zu können.«

Das Fenster im Hagener Bahnhof wurde 1911 von Johan Thorn Prikker entworfen. Hergestellt wurde es in den Berliner Glas- und Mosaikwerkstätten Gottfried Heinersdorf. Seine Maße: 3,60 x 8,40 Meter. Das kleine Foto hier im Buch kann also nur eine ungenaue Vorstellung vermitteln. Wirklich verstehen lässt sich das Glasbild nur im Original und an seinem Ort im Bahnhof.

Zu sehen sind neun Figuren. Der Mann in der Mitte hat den meisten Platz im Bild und ist hervorgehoben. Für die Menschen am Anfang des 20. Jahrhunderts war er sofort als Künstler und Architekt zu erkennen: Er hält einen Zirkel, das typische Instrument zum Konstruieren von Plänen und Formen. Das Buch zeigt, dass er gebildet ist. Er ist jemand, der Ideen hat und Entwürfe macht. Du wirst in diesem Buch noch viel über einen solchen Entwerfer, über Henry van de Velde, erfahren.

Die anderen Figuren sind Stellvertreter für Handel und Gewerbe in Hagen: Sie verkörpern die Textil- und Metallindustrie, das Baugewerbe und die Landwirtschaft sowie den Verkehr und den Tourismus. Das Fenster hat einen Namen erhalten: »Der Künstler als Lehrer für Handel und Gewerbe«. Rechts neben dem Architekten stehen ein Mann, dem eine Mistgabel beigegeben ist, und ein weiterer Mann mit Spaten als Stellvertreter für die Landwirtschaft und das Baugewerbe. Spannend ist das nächste Paar: eine Mutter mit ihrem Kind. Gemeint ist wohl, dass die Mutter ihr Kind zu einer modernen Zukunft führen möchte. Und sie hofft offenbar, dass der Künstler zum Aufbau dieser Zukunft einen wichtigen Beitrag leistet. Deshalb soll das Kind auch den Künstler und seine Kunst kennen lernen.

Rechts außen folgt eine Frau mit Skiern: Sie steht für das Reisen und den frühen Tourismus. Von Hagen aus fuhr man schon damals ins Sauerland zum Skifahren. Es war sehr modern, dass auch Frauen so etwas taten. Damals reisten die meisten Menschen mit der Eisenbahn – und kamen auf ihrem Weg an dem Fenster vorbei.

Die Jahre um 1900 waren eine Zeitenwende in Europa. Die Industrialisierung hatte das Leben der Menschen von Grund auf geändert.
Ich habe einmal ein Experiment mit mir gemacht: Welche Dinge, mit denen ich selbst lebe, gab es in den Jahren um 1900 noch nicht? Vielleicht magst du ja auch einmal eine Liste versuchen. Zuerst gehören Handy und Computer darauf. Was noch?
Dann habe ich eine zweite Liste angefangen: Welche Dinge waren in den Jahren um 1900 modern? In Hagen gab es zum Beispiel schon seit 1848 einen Eisenbahn-Anschluss. Die Stadt wurde sofort zu einem wichtigen Eisenbahnknotenpunkt. Wenn ich mir die Lebensdaten von Karl Ernst Osthaus anschaue (1874–1921), heißt das, dass er schon mit der Eisenbahn aufgewachsen ist. Seine Großeltern aber konnten noch von der Zeit davor erzählen.

Die Eisenbahn brachte große Veränderungen für die Menschen. Sie erlaubte eine ganz neue Geschwindigkeit, nicht mehr nur das Tempo von Pferden. Die Menschen fanden anfangs schon eine Geschwindigkeit von 40 Stundenkilometern beängstigend schnell. Das war nämlich ungefähr dreimal so schnell, wie eine Postkutsche fahren konnte.
Aber es gibt noch eine andere große Veränderung: die Zeit. Wusstest du, dass die Menschen früher keine einheitliche Zeit hatten? Jeder Ort oder jedes Gebiet in Europa hatte seine eigene Zeit. Wenn man über eine Grenze zwischen zwei Gebieten fuhr, gab es immer eine kleine Zeitverschiebung. So lebten etwa die Menschen in Hagen und in Köln mit einer Zeitverschiebung – oder in Hagen und Berlin. Doch so konnte man natürlich keinen Eisenbahnfahrplan machen. Deshalb führte man in Deutschland 1893 eine für alle geltende Zeit ein. Da war Karl Ernst Osthaus schon 19 Jahre alt.
Bevor in Hagen übrigens Personenzüge hielten, gab es den Güterverkehr. Für den Transport von Kohle und Stahl sowie von anderen Gütern ist die Eisenbahn nämlich zunächst erfunden worden.

Eine der wichtigsten Entdeckungen und technischen Neuerungen für das Zeitalter der Industrie war die Dampfmaschine. Vorher mussten alle Dinge mit der Kraft von Menschen und Tieren erledigt werden. Mit der Dampfmaschine konnte stärkere Energie erzeugt werden. Kein Wunder, dass danach alles anders wurde. Und dann kam noch die Elektrizität dazu. Ich habe mal das Experiment gemacht, einen ganzen Tag lang nichts zu benutzen, was mit Strom funktioniert... Was glaubst du, wie lange ich das geschafft habe?
Als Karl Ernst Osthaus sich 1906–1908 sein Haus, den Hohenhof, bauen ließ, wurde alles mit Elektrizität ausgestattet. Das bedeutete eine neue Art des Wohnens. Darüber kannst du in dem Kapitel über den Hohenhof einiges erfahren.
Die Industrialisierung ist gerade für das Ruhrgebiet eine besonders wichtige Epoche. Deshalb gibt es in dieser Region viele Orte, Industriedenkmäler, Museen, Archive und Bibliotheken, in denen man sich darüber informieren kann. Einen guten Einstieg kannst du im Internet finden: www.route-industriekultur.de

Im Stadtmuseum Hagen kannst du dich über die Geschichte der Stadt gut informieren. Warst du schon einmal dort? (Informationen findest du unter: www.historisches-centrum.de) Übrigens kannst du auch hier Karl Ernst Osthaus begegnen. Er hat sich dafür eingesetzt, in Hagen ein Historisches Museum zu gründen.

Das Fenster zeigt in der linken Hälfte einen Mann mit Schürze und großer Schmiedezange und einen weiteren Mann mit nacktem Oberkörper. Sie verkörpern das Metallgewerbe, das schon vor der Industrialisierung der wichtigste Wirtschaftszweig in Hagen war. 1826 hatte dann Friedrich Harkort auf Burg Wetter einen ersten Hochofen errichtet. Man nennt Friedrich Harkort den Vater des Ruhrgebiets. Die Familie der Mutter von Karl Ernst Osthaus, die vor ihrer Heirat Funcke hieß, besaß und betrieb eine sehr erfolgreiche Schraubenfabrik. Hier wurden etwa die Schrauben für den Bau der Eisenbahnstrecken hergestellt.
Heute ist das Zeitalter der Industrialisierung schon wieder Vergangenheit. Man spricht von Strukturwandel, weil sich alle Bereiche der Wirtschaft und viele Lebensbereiche grundsätzlich wandeln. Auch die Städte und Landschaften ändern sich, da die riesigen Fabriken oder Güterbahnhöfe nicht mehr benötigt werden.

In Haspe betrieb ein weiteres Mitglied der Familie Harkort, Johann Caspar V. (1817–1897), die »Harkortsche Fabrik«. Hier wurde mit Hilfe von Dampfkraft Eisen und Stahl verarbeitet. Produziert wurden unter anderem Waffen, Werkzeuge, Schlösser sowie Achsen und Räder für die Eisenbahn. Später kamen Bauteile für Brücken und Stahlgebäude (also Bauten wie die Gleishalle des Bahnhofs) hinzu. Diese Fabrik gehörte im 19. Jahrhundert zu den erfolgreichsten Unternehmen im Westen Deutschlands. Das alte Schwarz-weiß-Foto entstand 1886. Es zeigt die verschiedenen Fabrikgebäude, die Schornsteine und im Vordergrund die Eisenbahn, mit der die Steinkohle transportiert wurde. Hast du im Innenhof die Pferdekutschen entdeckt? Obwohl diese Fabrik längst nicht mehr in Betrieb ist, wird das Gebäude einer Maschinenhalle noch immer erhalten. Warum? Es steht unter Denkmalschutz und gehört zur »Route Industriekultur« (Informationen unter: www.route-industriekultur.de).

Es gibt zwei Arten von Denkmalen:
»gewollte Denkmale« und »gewordene Denkmale«.

Gewollte Denkmale sind solche, die errichtet wurden, damit sie die Nachwelt an eine Person oder an ein Ereignis erinnern. Häufig handelt es sich um Skulpturen, die auf einem Sockel stehen.
Gewordene Denkmale wurden erst einmal für einen bestimmten Zweck in ihrer eigenen Zeit erbaut: zum Beispiel ein Haus oder ein Bahnhof oder eine Fabrik. Später aber wurden sie für die Menschen so wichtig, dass man sie behalten wollte, auch wenn sie für ihren ursprünglichen Zweck nicht mehr gebraucht wurden. Es gibt verschiedene Gründe, warum solche Gebäude zu Denkmalen werden. Der wichtigste ist vielleicht, dass sie Geschichten erzählen, an die Menschen sich gerne erinnern möchten. Man kann lernen, diesen Geschichten zuzuhören, sie zu erforschen.

Gewordene Denkmale müssen nicht schön sein. Manchmal erzählen sie so wichtige Geschichten, dass man sie deshalb weiter behalten möchte. Viele der gewordenen Denkmale aber sind besonders schön. Hier haben sich die Erbauer und die Architekten viel Mühe gegeben. Bei der Gestaltung sind kunstvolle Formen gelungen. Wir bewahren solche Denkmale also wegen der Geschichten, an die wir uns erinnern und die wir weitererzählen wollen, aber auch wegen ihrer Schönheit. Man nennt das Denkmalschutz.

Ich glaube, dass jede Stadt ihr eigenes Gesicht hat. Dafür braucht sie Häuser mit ganz verschiedenen Geschichten, die es nur hier gibt. Anderswo gibt es dann andere Gebäude mit anderen Erzählungen. Und eine Stadt mit einem eigenen Gesicht braucht Häuser, die aus verschiedenen Zeiten kommen, die ganz unterschiedlich gestaltet sind. In einer solchen Stadt kann man besonders gut spazierengucken.
Manchmal gehe ich auch in ein Haus und frage die Bewohner nach ihren Geschichten. Im Hohenhof wohnen heute keine Menschen mehr. Hier befindet sich jetzt ein Museum, das die Geschichte von Karl Ernst und Gertrud Osthaus sowie ihren Kindern erzählt. Ich sammele solche Geschichten. Manchmal tue ich auch so, als wäre ich kein Wissenschaftler, sondern ein Schriftsteller. Ich erfinde dann Geschichten zu einem Haus und schreibe sie in einem besonderen Heft auf.
Für dieses Buch habe ich meine Freundin Birgit Amalie, die Kindergeschichten schreibt, gebeten, vier Erzählungen über Kinder, die um 1900 gelebt haben, zu erfinden.

Johan Thorn Prikker, der Entwerfer des Bahnhofsfensters, hat einige Jahre in Hagen gelebt (1910–1919). Er wohnte in einem Haus, das ein anderer Künstler, Mathieu Lauweriks, entworfen hatte. Es ist Teil einer kleinen Siedlung am »Stirnband«, wie die Straße heißt. Der Vorschlag, diese modernen Häuser zu bauen, kam von Karl Ernst Osthaus – deshalb wirst du in diesem Buch noch öfter von ihnen hören.
Johan Thorn Prikker war 1868 in Den Haag (Holland) geboren worden. Wie Henry van de Velde hat er sehr viele verschiedene Kunstwerke gemacht: unter anderem Möbel, Entwürfe für Glasfenster, Mosaiken und Wandbilder. Im Hohenhof kann man noch ein weiteres Glasfenster von ihm besichtigen und die Deckenmalereien in einem der Zimmer, für die er das Muster entworfen hat. Andere seiner Werke in Hagen wurden im Zweiten Weltkrieg zerstört.
Später wurde er Lehrer an den »Kölner Werkschulen«. Hier haben junge Menschen das Entwerfen von Mosaiken, Glasmalereien und Wandbildern von ihm gelernt. Thorn Prikker war in Hagen auch Lehrer an einer Gestaltungsschule, dem Hagener Handfertigkeitsseminar. In Köln ist er dann 1932 gestorben.
Sein Haus in der Siedlung am Stirnband steht wie auch der Hohenhof unter Denkmalschutz. Beide Häuser erinnern an diesen Künstler und seine Zeit in Hagen, gleichzeitig erinnern sie auch an Osthaus. Im Hohenhof hat Thorn Prikker für Osthaus in einem Zimmer die Decke mit einem farbigen Ornament geschmückt. Heute ist auch der Hohenhof ein »gewordenes Denkmal« und trägt die Erinnerung an Karl Ernst und Gertrud Osthaus, ihre Kinder, ihre Freunde, ihr Dienstpersonal, ihre Gäste und an viele Geschichten. Es erinnert auch an all die Künstler, die dieses Haus und die Dinge, mit denen man darin lebte, gestaltet haben.

HÖCHSTE EISENBAHN

Emil fühlte sich wie bestellt und nicht abgeholt. Da stand er nun pünklich im Bahnhof und wartete bereits geschlagene fünfzehn Minuten auf seinen Onkel. Der Junge wusste von seinem Großvater, dass über Jahrhunderte fast nur die Kirchturmuhren die Zeit verkündet hatten. Aber auch heutzutage besaßen viele Leute keine eigene Uhr. Onkel Theodor hatte jedenfalls versichert, er werde »Schlag 8« da sein und hinzugefügt: »Pünktlichkeit, mein Junge, ist eine Tugend. Sie steht jedermann wohl zu Gesicht.« Von wegen! Wieder und wieder blickte Emil zur großen Bahnhofsuhr. Stand er vielleicht doch an der falschen Stelle? Quatsch, dachte er und versuchte sich abzulenken. Sein Blick fiel auf das moderne Glasfenster in der Bahnhofshalle. Fasziniert beobachtete Emil, wie der Wechsel von Sonne und Wolken die farbigen Figuren aufleuchten oder verdunkeln ließ. Dann sah er endlich seinen Onkel mit hochrotem Kopf und wie ein Walross schnaubend auf sich zu eilen. »Donnerlittchen«, keuchte Theodor Winterfeld, »da hätten wir doch fast unsere Eisenbahn verpasst!« Wir? dachte Emil und verdrehte innerlich die Augen.

Sie hatten den Zug nach Köln noch mit Ach und Krach erreicht. Emil hatte seinen funkelnagelneuen Koffer nicht in der oberen Ablage des Abteils verstauen wollen. Die Metallbeschläge, die den starken Pappkarton an den Ecken schützten, sollten nicht gleich zerkratzen. Nun schaute er ständig aus dem Fenster, um nichts von dem vorbeifliegenden Landschaftspanorama zu

verpassen. Der Zwölfjährige war schon mehrmals nach Dortmund gereist. Meistens bezahlten die Großeltern seine Zugfahrkarte, damit sie ihren ältesten Enkel wenigstens ab und an sahen. Denn bei Emils Eltern war das Geld eher knapp. Seit dem Unfall im Eisenwalzwerk konnte Franz Liebermann nur noch halbe Tage als Ingenieur arbeiten. Außerdem gab es fünf jüngere Geschwister. Der Großvater hatte Emil denn auch den neuen Koffer geschenkt und ihm zudem noch etwas Geld zugesteckt. Dieses Mal ging die Reise nämlich ins Ausland!

Theodor Winterfeld betrieb mit einem Kompagnon ein kleines, aber feines Textilkaufhaus, in dem es nicht nur Stoffe und Kleidung aus Hagen zu kaufen gab. Er wollte deshalb in Wien wieder einmal moderne Stoffe erwerben. Emil durfte mit, weil er bald bei seinem Onkel in die Lehre gehen sollte. Auf der Rückfahrt würde er sogar den berühmten Kölner Dom sehen, von dem sein Vater so begeistert erzählt hatte. Diese Kirche, an der man seit 1248 ständig gearbeitet hatte, war eine richtige Großbaustelle gewesen! Als die Arbeiten um 1530 eingestellt wurden, war das Bauwerk immer noch nicht fertig. Über dreihundert Jahre später ging es dann nach alten Plänen weiter. Vollendet wurde der Dom aber erst 1880. Die Dombauhütte verwendete dabei auch moderne Eisenkonstruktionen – wie bei dem grandiosen, 1893 erneuerten Kölner Hauptbahnhof gleich nebenan. Kurz vor dem Umsteigen ermahnte Theodor Winterfeld seinen Neffen noch einmal: »Sieh zu, dass du gleich direkt neben oder hinter mir bleibst. Und pass auf deinen Koffer auf. Es gibt hier ziemlich freche und geschickte Diebe!«

Gedränge und Stimmengewirr waren ebenso unglaublich wie das Getöse der vielen Dampflokomotiven. Menschen aus aller Herren Länder hasteten und drängten durch den Bahnhof. Vergeblich versuchte der schmächtige Junge, in der Nähe seines Onkels zu bleiben. Die Leute schoben und schubsten von allen Seiten, und fast hätte ihm jemand tatsächlich seinen Koffer entrissen. Gerade hatte Emil noch den Kopf seines Onkels in der Menge gesehen, als Theodor Winterfeld plötzlich verschwunden war. Den Jungen durchrieselte es eiskalt. Er spürte, wie Panik in ihm aufstieg. Jetzt mal ganz ruhig, befahl er sich. Emil sah sich um. War diese Bogenhalle aus Stahl und Glas gigantisch! Bei den 8 Bahnsteigen machte es überhaupt keinen Sinn, hier irgendwo stehen zu bleiben. Es gab also nur eine Möglichkeit: Er musste das Gleis mit der Eisenbahn nach Wien finden. In den Zug einzusteigen wäre allerdings Mumpitz der ersten Klasse. Denn was, wenn Onkel Theodor das nicht täte? Er musste sich also vorher bemerkbar machen, irgendwie.
Den Bahnsteig zu finden war leicht gewesen. Emil hatte nur eine der Fahrplantafeln lesen müssen. Jedoch herrschte auch hier großes Gedränge, denn der Zug fuhr gerade ein. Fauchend und zischend kam die riesige Lok zum Stehen. Erleichtert entdeckte Emil einen Bahnhofsvorsteher und boxte sich entschlossen zu ihm durch. Dann holte er tief Luft und erklärte dem Mann sein Problem. Und auch hier war die Lösung eigentlich ganz einfach: Der Beamte rief Herrn Winterfeld mit einem Megaphon aus und bat ihn, zur Aufsicht auf Gleis 6 zu kommen. Sein Neffe werde ihn dort erwarten. Nur wenige Minuten später dampfte der Zug mit Emil Liebermann und Theodor Winterfeld aus dem Kölner Bahnhof. Beide waren noch ein bisschen blass um die Nase. Schließlich räusperte sich der Onkel: »Na, das war ja höchste Eisenbahn.« Und nach einer kleinen Pause: »Ich bin ziemlich stolz auf dich, mein Junge.«

Die Textilproduktion hatte schon zu Beginn der Industrialisierung eine wichtige Rolle gespielt: Zu den allerersten Geräten, die mit Dampfkraft angetrieben wurden, gehörten Spinnanlagen und Webstühle sowie Walzendruckmaschinen. Mit ihrer Hilfe konnte man farbig gemusterte Baumwollstoffe, die vorher teure Importgüter gewesen waren, nun in großen Mengen und zu günstigen Preisen herstellen. Als Kleiderstoffe, aber auch für Vorhänge und Wandbespannungen waren solche Baumwollstoffe, die man als »Kattun« bezeichnete, bald sehr beliebt.
Bei der Einrichtung von Räumen konnte man, indem man die Wände statt mit Tapeten mit Stoffen bespannte und Fenstervorhänge aus demselben Material anfertigte, besonders harmonische Gestaltungen schaffen. Solche Wandbespannungen lassen sich im Hohenhof noch heute in einigen Räumen beobachten.

In seinem Fenster für den Hagener Bahnhof stellte Johan Thorn Prikker auch eine Frauenfigur dar. Sie hält einen Stoffballen und lässt das Gewebe, das mit einem Muster bedruckt ist, in einer langen Bahn herabfallen. Diese Figur repräsentiert die Hagener Textilindustrie, einen der bedeutendsten Wirtschaftszweige der Stadt zur Zeit von Karl Ernst Osthaus.

Dieser Baumwollstoff wurde 1904 in der Hagener »Kattundruckerei, Weberei und Spinnerei der Gebrüder Elbers« hergestellt; als Dekorationsstoff konnte er für Vorhänge und Wandbespannungen verwendet werden. Der Entwurf des Musters stammt von Henry van de Velde.
Einen Stoff mit einem sehr ähnlichen Muster verwendete die Textilfabrik Elbers in ihrem Sitzungssaal. Diesen hatte sie insgesamt von Henry van de Velde gestalten lassen (Seite 126).

Für den wirtschaftlichen Erfolg der Textilindustrie war die Gestaltung der Stoffmuster ein wichtiger Faktor. Die engagierten Unternehmer beauftragten deshalb Künstler mit dem Entwurf von Flächenmustern, die die neuen Maschinen auf Baumwollstoffe drucken konnten. Für die Künstler war dies eine reizvolle Aufgabe: Sie konnten mit ganz unterschiedlichen figürlichen oder abstrakten Ornamentmotiven spielen, einer Fläche einen ruhigen oder eher belebten Rhythmus geben und Farben zueinander in Beziehung setzen. Dabei mussten sie aber auch bestimmte Regeln einhalten: Die Stoffbahnen hatten eine festgelegte Breite, und die Muster mussten darauf so angeordnet werden, dass sich die Motive passgenau ergänzten, wenn man zwei Bahnen aneinanderfügte – wie bei einer Tapete. Auch den Durchmesser der Druckwalze musste der Entwurf berücksichtigen. Schließlich spielte der Verwendungszweck, den ein Stoff haben sollte, eine Rolle: Für einen Dekorationsstoff konnte man ein größeres Musterformat wählen als für einen Kleiderstoff. Manchmal wurde die gleiche Musterzeichnung auch in unterschiedlichen Farbkompositionen ausgeführt.

KARL ERNST UND GERTRUD OSTHAUS

Stell' dir vor, du erbst 30 Millionen Euro! Was könntest du alles damit machen! Welche Wünsche könntest du dir, deiner Familie und deinen Freunden damit erfüllen?
Karl Ernst Osthaus erbte eine so große Summe: drei Millionen Goldmark. Er war gerade 22 Jahre alt.
Osthaus entschied sich, dass ein Drittel dieses Geldes für das Leben mit einer Familie reichen sollte. Zwei Drittel des Geldes wollte er in Projekte stecken. Nur wer mit schönen Dingen, in schönen Häusern und in einer schönen Stadt lebt, dem kann es gut gehen! Davon war Osthaus überzeugt. Er wollte mit seinem Geld helfen, eine solche Stadt möglich zu machen.

Als Karl Ernst Osthaus 1921 starb, hatte er – zusammen mit seiner Frau Gertrud – Dinge und Ideen hinterlassen, die nicht nur Hagen verändert hatten. Zahlreiche der bedeutendsten Künstler ihrer Zeit hatten entweder selbst in Hagen gearbeitet oder in Kontakt mit Karl Ernst und Gertrud Osthaus gestanden. Man besuchte Hagen und studierte die spannenden modernen Unternehmungen. Man schrieb sich Briefe quer durch Europa und tauschte sich aus. Dieses Buch erzählt von einigen wichtigen Projekten der beiden. Vor allem stiftet es dazu an, in Hagen auf Spurensuche zu gehen. Immer haben die beiden nicht nur für sich selbst nach Schönheit gesucht, sondern andere zu einem Leben, umgeben von schönen Dingen, ermutigt.

Das Porträt wurde 1903, im Jahr nach der Museumseröffnung, von der Malerin Ida Gerhardi angefertigt. Es zeigt Karl Ernst Osthaus in seinem Arbeitszimmer im Museum, das Henry van de Velde eingerichtet hatte. Er trägt einen eleganten Anzug. Osthaus ist in dieser modernen Einrichtung umgeben von Dingen, die ihn als Kunstgelehrten und Sammler charakterisieren: Vor sich hat er Schriftstücke, eine kostbare antike griechische Vase sowie einen Stapel mit Büchern. Im Hintergrund sieht man Teile seiner Bibliothek und durch eine geöffnete Tür einige Gemälde aus seiner Sammlung.

Karl Ernst Osthaus wurde 1874 als erster Sohn eines Bankiers in Hagen geboren. Seine Mutter starb kurz nach seiner Geburt. Ihre Eltern, seine Großeltern mütterlicherseits, machten ihn als einzigen Sohn der früh verstorbenen ältesten Tochter zum Alleinerben ihres Vermögens. Osthaus wollte nicht in das Bankgeschäft seines Vaters einsteigen. Als Schüler hatte er davon geträumt, Schriftsteller zu werden. Außerdem hoffte er, später ein Museum stiften zu können. Als sein Vater zunächst darauf bestand, dass er eine Lehre als Kaufmann machte, trösteten die Großeltern ihn. Seine Großmutter schrieb ihm, dass er eines Tages froh sein werde, mit Geld umgehen zu können. Dennoch würde er alle Freiheit haben, selbst zu entscheiden, was er damit anfangen wolle.

Gertrud Colsmann wurde 1880 als Tochter eines Textilfabrikanten in Langenfeld geboren. Sie erhielt eine umfassende Erziehung als künftige Ehefrau und Mutter. Als Dame des Hauses sollte sie in der Lage sein, einen gehobenen Haushalt zu führen und an der Seite eines wohlhabenden Industriellen repräsentative Salons und Abendgesellschaften zu veranstalten. Darüber hinaus sollte sie die angemessene Erziehung ihrer Kinder überwachen. Einen Beruf zu erlernen, war für eine junge adelige oder bürgerliche Dame in dieser Zeit nicht üblich. Die ersten Frauen erkämpften sich in diesen Jahren gerade das Studium an einer Universität. Und so bildeten sich viele Töchter aus finanziell begüterten Elternhäusern als Musi-

kerinnen aus oder sie malten und widmeten sich fremdsprachiger Literatur. Dies konnte später auch der Erziehung der eigenen Kinder dienen und machte diese Frauen zur perfekten Gattin für einen Mann von Welt. Als Ehefrau von Karl Ernst Osthaus (die beiden heirateten 1899) konnte Gertrud aus dieser eng umgrenzten Welt ausbrechen. Ihre Erziehung und Bildung halfen nun nicht dabei, internationale Geschäftsbeziehungen ihres Gatten zu unterstützen, sondern selbstständig Kontakte und Freundschaften zu Künstlerinnen und Künstlern aus vielen Ländern zu unterhalten. So konnte auch sie das gemeinsame Ziel vorantreiben, Schönheit nach Hagen zu bringen.
Gertrud Osthaus war außerdem eine gute Fotografin. Sie machte zahlreiche Fotografien auf den gemeinsamen Reisen. Die Bücher und Artikel, die Karl Ernst über die neuesten künstlerischen Entwicklungen oder über bedeutende Leistungen der Vergangenheit schrieb, sind häufig mit Fotografien von Gertrud illustriert. Aber auch sie schrieb einmal für eine Zeitung über das Museum Folkwang und übersetzte Texte für Künstler aus dem Französischen.

Das Ehepaar arbeitete jedoch nicht nur gemeinsam an den Projekten des Museums, sondern gründete auch eine Familie und bekam fünf Kinder – drei Jungen und zwei Mädchen. Die Familie lebte zunächst in einer Wohnung im Museumsgebäude. Als die Wohnung zu klein wurde, entschlossen sie sich, ein Haus zu bauen, um dort zu leben – den Hohenhof. Das fünfte Kind, ein Mädchen, wurde 1909 dort geboren. Leider starb Karl Ernst Osthaus bereits 1921 mit 46 Jahren. Am Ende hatte das Paar nicht mehr zusammen gelebt. Gemeinsam aber haben Gertrud und Karl Ernst Osthaus sehr viel geleistet und bis heute ihre Spuren in Hagen hinterlassen.

Gertrud Osthaus zeigt sich auf dem abgebildeten Foto in einem Kleid, das Henry van de Velde für sie entworfen hatte.

Im Historischen Centrum in Hagen wird ein Spazierstock aufbewahrt, der Karl Ernst Osthaus gehört haben soll.

Es ist eine spannende Sache, Gebäude und Kunstwerke oder Sammlungen und Projekte bestimmter Personen zu erforschen. Manches verraten die Objekte selbst, allerdings erst nach einem langen, sorgfältigen Studium. Vieles muss man wie ein Detektiv herausfinden. Auch der Kunsthistoriker verfolgt Spuren und kommt immer wieder auf neue Ideen und Fragen. Zunächst müssen viele Informationen zu den einzelnen Bauwerken oder Kunstobjekten zusammengetragen werden: zu Materialien, Größe, Künstlern und Auftraggeber, Herkunft oder Standort. Je mehr ich weiß, desto mehr sehe ich. Und das bedeutet gucken, gucken, gucken und lesen, lesen, lesen.

Richtig spannend wird es, wenn noch historische Aufträge, Rechnungen, Briefe und andere Dokumente oder alte Fotos vorhanden sind. Zu Karl Ernst Osthaus gibt es das in Hülle und Fülle! Allerdings musste ich mich manchmal erst einlesen. Nicht jede Handschrift lässt sich leicht entziffern, auch war die Sprache damals oft anders als heute. Ich lasse in diesem Buch manchmal Menschen der Vergangenheit »sprechen«. In solchen Zitaten wirst du immer wieder auf merkwürdige oder unbekannte Wörter stoßen. Und dann habe ich mich auch noch intensiv mit Architekturplänen, Modellen, Entwürfen und anderen Zeichnungen sowie weiteren Kunstwerken beschäftigt. Dieser Teil ist besonders interessant, denn fast immer gibt es Neues für mich zu entdecken. Und immer lerne ich etwas dazu.

Für den Hagener Impuls habe ich ebenso Museums- und Ausstellungskataloge angeschaut und gelesen wie Bücher und andere Beiträge zu den beteiligten Künstlern und zu einzelnen Gebäuden und Kunstwerken. Hinzu kam Überblicksliteratur zu spezifischen Themen, etwa Bücher über die verschiedenen Künste oder die Wohnhäuser um 1900. Wichtig waren außerdem Untersuchungen von Historikern und anderen Fachleuten zur Industrialisierung, Stadtentwicklung und Reformbewegung oder zur islamischen Bau- und Ornamentkunst, aber natürlich auch zur Geschichte Hagens. Manchmal habe ich Namen und Begriffe in einem Lexikon nachgeschlagen. Du findest solche Nachschlagewerke zu Künstlern, Architektur oder Mode in Büchereien. Zwischendurch habe ich mir viele Notizen und Skizzen gemacht, meine Materialien neu geordnet und manches auch wieder aussortiert.

Eine wichtige kunstwissenschaftliche Methode ist das Vergleichen: von Gebäuden, Kunstwerken und anderen gestalteten Dingen. Beim Hohenhof konnte ich oftmals das Vergangene mit der Gegenwart abgleichen.

Das alte Foto hier zeigt den »altmodischen« Salon in der Villa Elfriedenhöhe, in der Osthaus groß geworden ist. Daneben siehst du den »modernen« Salon im Hohenhof, so wie er heute aussieht. Wodurch unterscheiden sich die beiden Räume? Warum wollte Osthaus nicht mehr so wohnen wie in seinem Elternhaus? Schreib deine Beobachtungen und Ideen auf.

BÜCHER GESTALTEN

Wusstest du, dass auch ein Buch ein Kunstwerk sein kann? Oder eine Einladungskarte? Oder sogar ein Schriftzug oder ein einzelner Buchstabe? Wenn es um das Herstellen von Büchern geht, denken viele zuerst ans »Bücher schreiben«. Doch was passiert, wenn der Text fertig ist? Neben dem Autor, der Autorin oder einem Autoren-Team sind noch einige andere Personen an der Herstellung eines Buches beteiligt.

Eine wichtige Person ist der Verleger. Er leitet den Verlag, der die Arbeitsschritte zwischen dem fertigen Manuskript (dem geschriebenen Text, heute einer Textdatei) und dem Verkauf in einer Buchhandlung koordiniert. Er legt die sogenannte Ausstattung des Buches fest. Welches Format ist am besten, und wie viele Seiten soll das Buch haben? Wie viele Exemplare

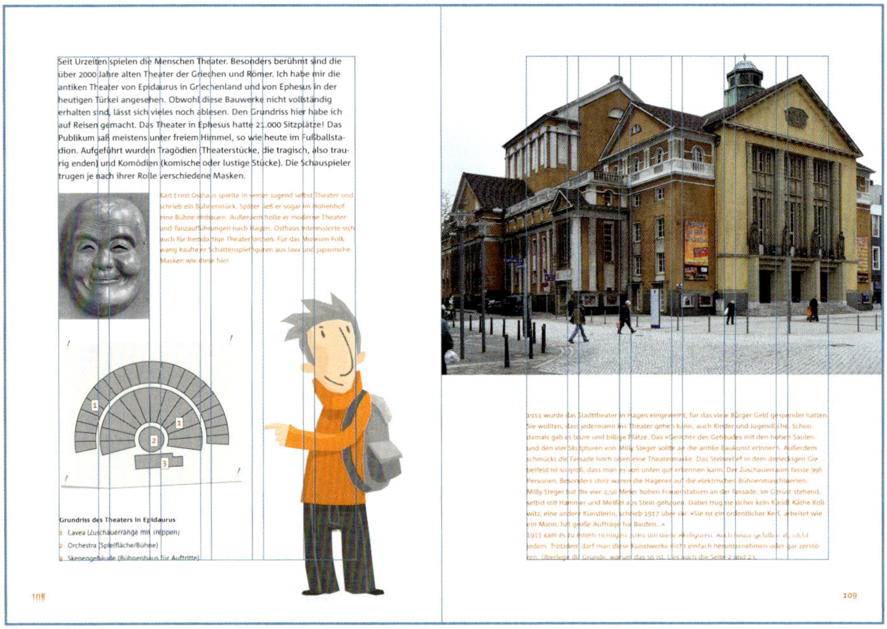
Seit Urzeiten spielen die Menschen Theater. Besonders berühmt sind die über 2000 Jahre alten Theater der Griechen und Römer. Ich habe mir die antiken Theater von Epidaurus in Griechenland und von Ephesus in der heutigen Türkei angesehen. Obwohl diese Bauwerke nicht vollständig erhalten sind, lässt sich vieles noch ablesen. Den Grundriss hier habe ich auf Reisen gemacht. Das Theater in Ephesus hatte 21.000 Sitzplätze! Das Publikum saß meistens unter freiem Himmel, so wie heute im Fußballstadion. Aufgeführt wurden Tragödien (Theaterstücke, die tragisch, also traurig enden) und Komödien (komische oder lustige Stücke). Die Schauspieler trugen je nach ihrer Rolle verschiedene Masken.

Karl Ernst Osthaus spielte in seiner Jugend selbst Theater und schrieb ein Bühnenstück. Später ließ er sogar im Hohenhof eine Bühne einbauen. Außerdem holte er moderne Theater- und Tanzaufführungen nach Hagen. Osthaus interessierte sich auch für fremdartige Theaterformen. Für das Museum Folkwang kaufte er Schattenspielfiguren aus Java und japanische Masken wie diese hier.

Grundriss des Theaters in Epidaurus
1 Cavea (Zuschauerränge mit Treppen)
2 Orchestra (Spielfläche/Bühne)
3 Skenengebäude (Bühnenhaus für Auftritte)

1911 wurde das Stadttheater in Hagen eingeweiht, für das viele Bürger Geld gespendet hatten. Sie wollten, dass jedermann ins Theater gehen kann, auch Kinder und Jugendliche. Schon damals gab es teure und billige Plätze. Das »Gesicht« des Gebäudes mit den hohen Säulen und den vier Skulpturen von Milly Steger sollte an die antike Baukunst erinnern. Außerdem schmückt die Fassade hoch oben eine Theatermaske. Das Steinrelief in dem dreieckigen Giebelfeld ist so groß, dass man es von unten gut erkennen kann. Der Zuschauerraum fasste 996 Personen. Besonders stolz waren die Hagener auf die elektrischen Bühnenmaschinerien. Milly Steger hat die vier 2,50 Meter hohen Frauenstatuen an der Fassade, im Gerüst stehend, selbst mit Hammer und Meißel aus Stein gehauen. Dabei trug sie sicher kein Kleid! Käthe Kollwitz, eine andere Künstlerin, schrieb 1917 über sie: »Sie ist ein ordentlicher Kerl, arbeitet wie ein Mann, hat große Aufträge für Bauten...«
1911 kam es zu einem richtigen [illegible] um diese [illegible]. Auch heute [illegible] jedem. Trotzdem darf man diese Kunstwerke nicht einfach herunternehmen oder gar zerstören. Überlege dir Gründe, warum das so ist. Lies auch die Seite 2 und 23.

109

sollen gedruckt werden? Erhält es einen harten Einband, vielleicht sogar mit Stoff bezogen? Besonders aufwendig gestaltete Bücher bekommen auf dem Einband einen Druck mit einem Prägestempel.
Viele Verlage haben ein eigenes »Profil«, sie sind auf bestimmte Themen spezialisiert. Karl Ernst Osthaus gründete seinen eigenen Verlag, den »Folkwang-Verlag«. Hier sollten Bücher zu Kunst aus aller Welt erscheinen. Die Besonderheit dieses Verlages: Die Bücher sollten besonders viele Fotografien enthalten – das war am Anfang des 20. Jahrhunderts noch etwas Besonderes.
Nicht alle Bücher sehen gleich aus. Ein Gedichtband muss anders gestaltet sein als ein wissenschaftliches Buch oder als ein Bildband mit vielen Fotos.

Eine wichtige Rolle kommt dem Buchgestalter – heute sagt man oft Grafikdesigner – zu. Er plant die gestalterische Form des Buches. Er sucht die geeignete Schriftart aus, bestimmt die Schriftgröße und den Zeilenabstand. Und er überlegt sich, wie der Text auf der Seite platziert wird. In manchen Fällen müssen auch Abbildungen (Illustrationen oder Fotos) berücksichtigt werden. Für das ganze Buch wird ein Gestaltungsraster erstellt. Es erleichtert das Umsetzen, weil es Regeln für das Buch festlegt, und man nicht von Seite zu Seite neu überlegen muss. Heute macht man diese Arbeitsschritte am Computer.

ORNAMENTE
UND IHRE GRAMMATIK

Die Räume, in denen wir leben, haben zumeist weiße oder allenfalls einfarbige Wände; auch die Einrichtungsgegenstände, die sich darin befinden, tragen nur selten mehrfarbige Muster – allein auf Polstern, Kissen und Vorhängen dürfen sich manchmal Streifen oder Punkte, Karos oder gar bunte Blumen ausbreiten. In früheren Jahrhunderten war das anders: Die Menschen liebten es, alle möglichen Oberflächen mit Ornamenten zu schmücken. Nicht nur Stoffe, sondern auch Wände, Möbel und andere Dinge wurden mit bunten Mustern überzogen. Reisende betrachteten mit großer Aufmerksamkeit die Ornamente, die sie an fremden Orten fanden. Sie zeichneten sie und beschrieben sie in Briefen und Reiseberichten; nicht selten brachten sie auch kunstvoll gestaltete Dinge – Teppiche oder Fliesen, bestickte Stoffe oder Kästchen aus farbigen Hölzern – mit nach Hause. So wurde der Schatz von Mustern, den man in Europa kannte, immer größer.

Manche Leute fanden es reizvoll, möglichst viele der schönen Muster nebeneinander zu verwenden, manchmal sogar in einem Raum. Wenn man das tut, kann es geschehen, dass die einzelnen Ornamente nicht zueinander passen oder gar in Widerstreit geraten; wir würden sagen: Sie beißen sich.

Im 19. Jahrhundert, als das Interesse an Ornamenten sehr groß war, versuchten einige Forscher und Künstler, Regeln zu finden, nach denen man sie so anwenden konnte, dass eine harmonische Gestaltung dabei herauskam. Vielleicht würde es helfen, wenn man sie in eine systematische Ordnung brachte, ähnlich wie man das für Tiere oder Pflanzen getan hatte? Einer dieser Forscher war der englische Architekt Owen Jones (1809–1874).

56

Er war weit gereist und hatte Bauwerke und ihre Einrichtungen studiert. Besonders bewundert hatte er die Alhambra, eine Palastanlage, die die Mauren in Granada errichtet hatten. Hier sind nicht nur die Wände, sondern auch Decken und Gewölbe ganz und gar mit Mustern überzogen. Sämtlich aus geometrischen Elementen konstruiert, stören sie einander jedoch überhaupt nicht, im Gegenteil: Owen Jones fand, die Alhambra sei ein Modell vollkommener Schönheit. Er beschloss deshalb, ein Buch zu machen, das Ornamente aller möglichen Völker und Zeiten und zugleich Regeln zu ihrer Anwendung enthalten sollte; Künstler sollten damit die Ornamentik studieren können wie eine Sprache, in der sie dann eigene Sätze bilden könnten. Er nannte das Buch »Die Grammatik des Ornaments« (»The Grammar of Ornament«); der Alhambra war darin ein eigenes Kapitel gewidmet. Zwei Seiten aus diesem 1856 erstmals erschienenen Buch sind hier abgebildet.

Die Muster, die Owen Jones besonders gefielen, sind eigentlich nur aus wenigen Elementen zusammengesetzt: Aus geraden und geschwungenen Linien werden Sterne und Rosetten gebildet; die Felder, die darin entstehen, sind mit kleinen goldenen Blättern und Blüten gefüllt. Jones fand, man könnte in diesen Mustern mit den Augen spazierengehen, ohne sich je zu langweilen.

57

Buchstaben, Texte oder ganze Bücher werden gestaltet. Jeder Buchstabe und jede Schrift, die gedruckt werden, sind in ihrer Form gestaltet worden. Man nennt das »Typographie«. Es gibt Künstler, die Buchstaben erfinden – einer von ihnen war Peter Behrens, von dem in diesem Buch noch öfter die Rede ist.

Die Gestaltung von Büchern und Schriften hat sich im Laufe der Zeit verändert. In Bibliotheken kann man Bücher aus verschiedenen Zeiten studieren und vergleichen. Es gibt Buchkünstler. Und es gibt Büchersammler, die die Bücher nicht allein für ihren Inhalt, sondern gerade wegen ihrer Gestaltung sammeln.

ALEXANDER SACHAROFF
TANZABEND AM DIENSTAG, 26. MÄRZ 1912
IM PARKHAUSE, VERANSTALTET VOM
MUSEUM FOLKWANG

1. ORPHEUS (FÜR DEN TANZ KOMP.) TH. V. HARTMANN
2. JÜNGLINGSSPIEL UND TANZ .... SCHUBERT
3. DREI TANZSTUDIEN NACH DEN MEISTERN DER ITALIENISCHEN FRÜHRENAISSANCE: a/ PALESTRINA (XVI. JAHRHUNDERT), b/ ORLANDO DI LASSO (XVI. JAHRHUNDERT), c/ CL. MONTEVERDE (XVII. JAHRHUNDERT)
4. TÄNZE: a/ AUS HEROLDS „ZAMPA“, b/ ADAM DE LA KALE (XIII. JAHRHUNDERT), c/ ALTA PRINITA BEATA, FLORENTINISCHES LIED (XIV. JAHRHUNDERT)
5. SARABANDE .... J. KRIEGER (XVII. JAHRHUNDERT)
6. EIN FRÜHLING .... LARGHETTO VON HÄNDEL
7. TANZ IM STILE „RENAISSANCE“ .... FRESCOBALDI
8. KRIEGERTANZSTUDIE .... ETÜDE VON CHOPIN
9. DIONYSISCHER GOTTESDIENST (FÜR DEN TANZ KOMPONIERT) .... TH. V. HARTMANN

MUSIKAL. BEGLEITUNG: HERR HEINZ SCHÜNGELER

Für einen Tanzabend mit dem berühmten Tänzer Alexander Sacharoff, den das Museum Folkwang veranstaltete, entwarf der »Alleskünstler« Peter Behrens die Einladungskarte. Sorgfältig wählte er die verschiedenen Schriftgrößen. Und er gestaltete den Schmuckrahmen mit dem Muster in den vier Ecken. Hier spielte er mit dem »S« des Namens Sacharoff.

Natürlich gibt es auch Bücher, die nicht gedruckt werden. Jeder kann sich ein eigenes Buch gestalten. Solche selbstgemachten Bücher, die es nur einmal gibt, nennt man Unikatbücher. Sammle erst einmal alles, was du zu deinem Thema findest. Werte anschließend aus, was wichtig ist und klebe das in ein leeres Heft. Schreib' Informationen und deine Geschichten dazu. Oder du malst und klebst auf Einzelblätter, die du später lochen und zusammenheften kannst.

Für mich hat Bücher machen viel mit Sammeln zu tun. Am Anfang lege ich das Material in eine Schachtel und nach einiger Zeit beginne ich, die Sachen zu ordnen. Manchmal möchte ich noch etwas zu den Fundstücken schreiben. Und so fange ich an, das Material aufzukleben und Notizen dazu zu machen. Ich habe gemerkt, dass es wichtig ist, nicht zu lange zu warten, sondern einfach anzufangen. Das Buch wächst dann nach und nach. Ich habe inzwischen schon eine kleine Bibliothek.

REISEN, SAMMELN UND EIN MUSEUM GESTALTEN

Viele Menschen denken, wenn sie etwas vollkommen Schönes und zugleich eine große Vielfalt unterschiedlicher Ausprägungen von Schönheit beschreiben sollen, zuerst an Blumen, Schmetterlinge, bunte Steine und Muscheln – also an Lebewesen und Dinge aus der Natur. Es ist tatsächlich so, dass Forscher seit Jahrhunderten versucht haben, diese besonderen Schönheiten und die Vielfalt des Lebens auf der Erde zu erfassen, indem sie Sammlungen von Wesen und Dingen anlegten und sie nach ihren Merkmalen und Eigenarten zu ordnen versuchten. Das klingt vielleicht nach einem etwas trockenen Verfahren: Kann man Schönheit messen oder zählen? Jedenfalls finden alle, die sich damit beschäftigt haben, dass man die Phänomene der Natur nur noch mehr bewundert, wenn man sie in ihren zahlreichen Varianten kennengelernt hat.

Auch Karl Ernst Osthaus war von den Naturschönheiten fasziniert. Schon als Schüler hatte er Insekten und Mineralien gesammelt. Während seines Studiums in Wien besuchte er immer wieder das große Naturhistorische Museum und studierte die Mineralien, Schnecken, Muscheln und ausgestopften Tiere, die dort ausgestellt waren. So ein Museum wollte er auch in Hagen gründen; es sollte allen, die es besuchten, helfen, sich ein Bild von der Welt zu machen und sie besser zu verstehen. Osthaus trug für sein Museum in den nächsten Jahren ungefähr 45.000 Käfer und etwa 7.000 Schmetterlinge zusammen, dazu Mineralien und Versteinerungen, in denen Abbilder von längst ausgestorbenen Pflanzen und Tieren erhalten geblieben waren. Er plante durchaus kein kleines Museum!
Als er daran gehen konnte, dieses Museum zu verwirklichen, hatten sich seine Pläne allerdings weiter entwickelt: Immer mehr hatte sich Osthaus' Interesse den Kunstwerken zugewandt; er sammelte fortan vor allem Gemälde, Skulpturen, Möbel, Textilien, Fliesen und viele andere Dinge, die nun – abgegrenzt von den naturkundlichen Objekten – die prominentesten Räume in seinem Museum einnehmen sollten.

Das Buch »Kunstformen der Natur« von Ernst Haeckel, das in den Jahren 1899–1904 erschienen ist, gehörte zu den meistgelesenen und studierten Werken seiner Zeit. Auch Karl Ernst Osthaus und seine Freunde werden es gekannt haben. In dem Buch sind immer ganzseitige, sehr aufwendige Illustrationen von Pflanzen und Tieren und wissenschaftliche Erläuterungen auf Doppelseiten einander gegenübergestellt. Viele Bibliotheken besitzen Nachdrucke dieses berühmten Buches, im Internet findet man digitale Versionen des ganzen Buches oder einzelner Bildseiten.

Wahrscheinlich gibt es kein Ding, das nicht schon irgendjemand zum Gegenstand einer Sammlung gemacht hat: Briefmarken und Glasperlen, Muscheln und Porzellanfiguren, Zeichnungen berühmter Künstler und Bilder, die Zeit und Naturkräfte in Steinen hinterlassen haben – für alles und noch viel mehr gibt es Sammler, die solche Objekte zusammentragen, sie studieren, beschreiben, ordnen und sich daran erfreuen. Die Sammler, die ich kenne, haben auch immer wieder große Freude daran, anderen Leuten ihre Schätze zu zeigen und zu erklären!

Eine Sammlung, auch wenn sie vielleicht sehr umfangreich ist oder besonders kostbare Dinge enthält, ist aber noch kein Museum. Dazu gehört mehr, vor allem ein Gebäude, in dem die Sammlung ausgestellt wird, und zwar so, dass jeder, der sie sehen möchte, das zu bestimmten Zeiten tun kann.

Karl Ernst Osthaus gründete sein Museum, um seine Sammlungen den Hagener Bürgern und allen anderen, die sie sehen wollten, zugänglich zu machen. Und er wollte noch mehr: Wie sich das für ein Museum gehört, sollte auch dieses nicht einfach nur eine Reihe von schönen Dingen vorstellen, sondern es sollte ein Ort sein, an dem man lernen konnte, sie besser zu verstehen. Deshalb brachte Osthaus die Kunstwerke in ganz bestimmte Anordnungen und Zusammenstellungen, sozusagen in Nachbarschaften. Die Besucher seines Museums sollten Dinge miteinander vergleichen können, Ähnlichkeiten, aber auch Gegensätze feststellen. Sie sollten die Möglichkeit haben, sich mit Kunstwerken unterschiedlicher Kulturen wirklich vertraut zu machen.

Während die von Henry van de Velde gestalteten Vitrinen heute nicht mehr im Osthaus Museum zu finden sind, kann man die Architektur der Brunnenhalle (siehe auch Seite 47) noch immer studieren. Die schlanken Pfeiler und mächtigen Deckenunterzüge zeigen bis heute mit ihrem eleganten Jugendstilschmuck, dass die Gestaltung van de Veldes nicht nur schön sein will, sondern auch von der Konstruktion des Bauwerks erzählen kann.
Zuerst sollte die moderne Eisen-Beton-Konstruktion des Museumsgebäudes unter Schmuckformen versteckt werden, die an eine frühere Zeit erinnerten. Doch schau einmal, wie die Verkröpfung am oberen Ende des Schaftes dessen Senkrechte mit einem sanften Schwung in die Waagerechte der Unterzüge (der Balken) leitet. Der kleine Knoten muss den Betrachtern vor 100 Jahren vorgekommen sein wie die Nieten der Eisenkonstruktion in Gleishallen von Bahnhöfen oder in Fabriken. Solche Nieten als Konstruktionselemente hatte man bisher nur in technischen Gebäuden sichtbar gelassen. Van de Velde aber wollte die Konstruktion auch in Museen und anderen »schönen« Orten zeigen – allerdings kunstvoll gestaltet.

Karl Ernst Osthaus war neugierig auf fremde Länder und die Kunst der ganzen Welt. Er reiste nicht nur nach England, Russland, Belgien, Italien und Frankreich. 1887 besuchte er auch Algerien und Tunis. Und vom Herbst 1898 bis zum Frühjahr 1899 unternahm Osthaus eine mehrere Monate dauernde Reise nach Ungarn, Rumänien, in die Türkei, nach Griechenland, Kleinasien, Syrien und Ägypten. Diese Orient-Exkursionen veränderten seine Vorstellungen von Architektur und Kunst grundlegend.
1907 erkundeten Karl Ernst und Gertrud Osthaus die maurische Alhambra in Granada, wobei Gertrud die weltberühmte Palastanlage in Südspanien fotografierte. Über hundert Jahre später bin ich den Spuren der Osthaus gefolgt. Zur Vorbereitung studierte ich viele Untersuchungen über die Alhambra, auch die von Osthaus, und Bücher zur Geschichte von »al-Ándalus« (dem islamischen Spanien). Außerdem las ich das umfangreiche Werk von Owen Jones zur Alhambra und seine »Grammatik des Ornaments«, die dir in diesem Buch vielleicht schon begegnet ist.

Fast 800 Jahre lang existierten im heutigen Spanien neben den christlichen Königreichen auch islamische Fürstentümer. Die nasridischen Emire herrschten von 1238 bis 1492 über das Königreich Granada und residierten in der »qalat al-hambrá«, der »Roten« (Stadtburg) auf dem Sabika-Hügel. Die maurischen Könige ließen innerhalb der Alcazaba (Festung) mehrere grandiose Paläste und Gärten errichten. Die vielen Inschriften der Alhambra in arabischer Schrift preisen nicht nur Allah, sondern rühmen auch die nasridischen Herrscher. In Granada lebten Muslime, Juden und Christen zumeist in Frieden miteinander. Das änderte sich grundlegend, als die christlichen Könige von Spanien 1492 Granada eroberten. Doch sie bewunderten die Schönheit der maurischen Paläste und lebten zeitweise darin. Auch ich hatte dergleichen nie zuvor gesehen und möchte bald wieder in der Alhambra spazierengucken.
1984 hat die UNESCO die Alhambra zum Weltkulturerbe erklärt (wenn du im Internet »Welterbe« eingibst, findest du unter »Wikipedia« die Listen des UNESCO-Welterbes). Die Palaststadt »gehört« also heute und in der Zukunft allen Menschen, gleich welcher Nation und Religion.

Ich habe die Alhambra mehrmals für viele Stunden erforscht, trotzdem kenne ich noch immer nicht Alles. Aus gutem Grund: Die Emire und ihre Baumeister wollten, dass sich das Auge niemals langweilt. Die Beleuchtung eines jeden Gebäudes wechselt je nach Tageszeit und Wetter. In der Alhambra werden die Innen- und Außenräume durch vielfältige, von den Künstlern geplante Licht- und Schattenspiele verändert. Doch vor allem befriedigt die großartige islamische Ornamentkunst die Augenlust. Wie Osthaus faszinieren auch mich die prächtigen »azulejos« und »alicatados« (Keramikfliesen) der unteren Wandzonen. Das Muster unter der arabischen Inschrift des Hofdichters Ibn Zamrak im »Patio de los arrayanes« (Myrthenhof) ist aus verschiedenen vorgefertigten Fliesen zusammengefügt. Komplizierte Ornamente wurden hingegen wie Mosaike aus vielen kleinen Formstücken zusammengesetzt (siehe Seite 57 und 61).

Der Bauschmuck besteht jedoch vorrangig aus Stuck, der auch farbig bemalt und vergoldet wurde. Er bekleidet nahezu alle Baukörper mit geometrischen Gipsornamenten, die zuweilen an Pflanzen, Früchte oder Muscheln erinnern (man spricht auch von Arabesken), und vielen Inschriften. Um den Stuckdekor härter und haltbarer zu machen, wurde dem Gips Marmor- oder Alabasterstaub beigemischt. Die noch feuchte Masse ließ sich gut modellieren und schneiden. Hatte man den Gips aufgebracht, wurden die Muster zunächst mittels Schablonen übertragen. Anschließend bearbeiteten die Kunsthandwerker die Felder mit diversen Werkzeugen. Neben dieser zeitraubenden Technik verwendete man auch aus Holz geschnitzte Hohlformen, in die man die Gipsmasse füllte. Erst danach wurden die herausgelösten, gehärteten Ornamentformen vor Ort fixiert.

Geradezu atemberaubend sind die geometrischen Konstruktionen aus unzähligen »muqarnas« (plastische Gipselemente). So hat man das Deckengewölbe im »Saal der zwei Schwestern« aus 5000 Einzelformen gestaltet, die Bienenwaben gleichen. Auch die filigranen Netzwerke zwischen den 124 Säulen des »Patio de los leones« (Löwenhof) von Muhammad V. (1354–1391) wurden aus »muqarnas« konstruiert. Wie die komplizierten Fliesenornamente und Stuckarabesken sind auch diese erstaunlichen Gebilde Meisterwerke der Mathematik.

Außerdem setzte man das – in heißen und trockenen Ländern besonders kostbare – Wasser als »Baumaterial« ein. Im Myrthenhof spiegelt sich der mächtige Comares-Turm im Wasserbecken, so dass der Palast von Jusuf I. (1333–1354) zwischen Erde und Himmel zu schweben scheint. Zur gewünschten paradiesischen Schönheit der Alhambra trugen auch die Gärten bei. So umgab einst den plätschernden Löwenbrunnen ein tiefer angelegter Garten mit Orangenbäumen, Sträuchern, Blumen und Kräutern. Die umliegenden Arkaden und Pavillons mit ihren schlanken Marmorsäulen umfassten diesen blühenden und duftenden »Teppich« wie eine schattige Oase aus Stein.

Als Karl Ernst Osthaus 1897 zum ersten Mal mit einem Architekten über seine Museumspläne sprach, war er noch sehr jung für ein solch großes Bauprojekt. Wie damals üblich, wählte er einen Architekten, der bereits für die Familie gebaut hatte: Carl Gérard (1843–1913), einen Regierungsbaurat aus Berlin. Gérard war im selben Alter wie Osthaus' Vater und hatte 1890 dessen Wohnhaus, die Villa Elfriedenhöhe, errichtet. Dort war Osthaus groß geworden.

Die Generation von Karl Ernst Osthaus und schon die seiner Eltern und Großeltern ließ üblicherweise Häuser errichten, die durch ihren Bauschmuck aussahen wie Gebäude vergangener Jahrhunderte. Wichtig war, dass die Bauwerke besonders vornehm wirkten. Deshalb orientierte man sich gern an den Schlössern und Palästen. Man war außerdem überzeugt, dass in der Vergangenheit bereits alles Nötige und Kunstvolle erfunden worden sei und Neues in keinem Fall besser sein könne. So kam es, dass Kunststile aus verschiedenen Jahrhunderten vermischt wurden, etwa Bau- und Schmuckformen der griechischen Antike mit denen des späten Mittelalters. Es gab aus heutiger Sicht ein gehöriges Durcheinander an den Fassaden der Gebäude und in den Räumen. Doch damals empfanden das Viele als besonders schön. Man nennt diesen Rückgriff auf überlieferte Formen Historismus. Osthaus gehörte zu den ersten Bauherren, die sich davon abwandten. Und so musste der Architekt seines Vaters, der den Außenbau des Museums im Stil der Renaissance mit gotischen Elementen bereits fertig gestellt hatte, schließlich gehen. Ein neuer Architekt sollte das Innere des Gebäudes nun in modernen Formen gestalten, damit das Museum in

die moderne Welt passte. Osthaus hatte über einen solchen Architekten gelesen und bat ihn daraufhin, nach Hagen zu kommen. Dieser moderne Architekt war Henry van de Velde aus Belgien. Als das Museum 1902 eröffnet wurde, hatte van de Velde eine Einrichtung geschaffen, die für die meisten Besucher des Hauses wohl wie eine Revolution gewirkt hat. Sie sah vollkommen anders aus, als man es damals gewohnt war.
Der Stil, in dem das Hagener Museum als eines der ersten öffentlichen Gebäude in Deutschland gestaltet wurde, wird in Deutschland als Jugendstil bezeichnet; in Holland spricht man von »Nieuwe Kunst«, in Frankreich von »Art Nouveau«, in Polen von »Secesja« und in Spanien von »Modernismo«. In ganz Europa gab es diese Revolution in der künstlerischen Gestaltung.

Karl Ernst Osthaus nannte sein Museum »Folkwang«. Er nahm diesen Namen aus der Mythologie, aus den alten germanischen Sagen. Dort heißt der Palast der hohen Göttin Freya, die auch Schutzherrin der Künste ist, Folkwang. Das Wort bedeutet weiterhin Versammlungsort oder »Menschenwiese«. Das Museum sollte also ein Palast für die Künste sein: die Kunstwerke aus der Natur sowie die Kunstwerke aller Menschen und Kulturen. Und das Museum sollte ein Ort sein, an dem sich Menschen treffen.

Karl Ernst und Gertrud Osthaus stellten eine Gemäldesammlung zusammen, die bald berühmt wurde. Doch nicht nur das. Sie luden auch die Künstler Emil Rudolf Weiss und Christian Rohlfs ein, nach Hagen zu ziehen und ein Atelier im Folkwang Museum einzurichten. Christian Rohlfs sollte später sogar im Museum wohnen. Sie unterstützten viele Künstler, auch indem sie ihre Werke kauften, sie an andere Kunstliebhaber vermittelten, zahlreiche Ausstellungen moderner Kunst im Folkwang veranstalteten und vieles mehr. Und sie wollten viele Menschen dazu anstiften, die Kunst in ihr Leben zu holen. Deshalb sollte es auch eine Malschule im Folkwang geben.

Karl Ernst und Gertrud Osthaus besaßen zahlreiche Werke von Christian Rohlfs: Gemälde, Zeichnungen, Druckgrafiken und Stickereien. Heute findet sich im Osthaus Museum die größte Sammlung von Rohlfs auf der ganzen Welt. Der Künstler schuf in seinem Leben sehr unterschiedliche Werke. Man kann ihn gar nicht so einfach erkennen, weil seine Bilder so unterschiedlich aussehen. Das frühere der beiden hier gezeigten Gemälde aus dem Jahr 1888 zeigt eine Brücke in der Gegend von Weimar. Hier hatte Rohlfs gelebt, bevor er nach Hagen kam. Das andere Gemälde »Ruhr bei Hohensyburg« schuf er, als er gerade nach Hagen umgezogen war. Hast du schon einmal einen violetten Fluss gesehen? Dieses Gemälde ist ein typisches Beispiel der Moderne. Es ging den Künstlern nicht darum, die Natur abzumalen oder naturgetreu ins Bild zu bringen. Vor allem die Farben erhalten einen eigenen Wert. Sie sollen Stimmungen zum Ausdruck bringen. Auch die Pinselstriche dienen nicht nur den gemalten Dingen, sondern bekommen eigene Formen. Wodurch unterscheiden sich diese beiden Gemälde?
Im Osthaus Museum kannst du weitere Gemälde studieren!

Christian Rohlfs lebte von 1849 bis 1938. Nach Hagen zog er im Jahr 1901. Sein Grabmal befindet sich bis heute auf dem Friedhof in Delstern. Rohlfs fertigte viele Zeichnungen und Gemälde in der Natur an; er unternahm dafür auch zahlreiche Reisen. Man kann ihn einen Spaziergucker nennen. Als er 1905 einen Sommer in Soest verbrachte, um dort zu zeichnen, schrieb er an Karl Ernst Osthaus: »Gemalt habe ich nicht besonders viel, mehr gezeichnet und noch mehr in den Gassen und Winkeln, Kirchen und Häusern herumgegangen und geguckt.«

Als Sammler waren die beiden Osthaus Pioniere. Besonders bemerkenswert war, dass sie Kunst von modernen ausländischen Künstlern kauften. Zu ihrer Zeit wollten viele Museumsdirektoren in Deutschland, wenn sie überhaupt moderne Kunst erwarben, nur deutsche Künstler ausstellen. Karl Ernst Osthaus kaufte das erste Gemälde von Vincent van Gogh für eine deutsche Sammlung. Er erwarb Bilder und Skulpturen von verschiedenen französischen Künstlern. Du weißt sicherlich, dass Frankreich und Deutschland in zahlreichen Kriegen gegeneinander kämpften. Erst nach dem Zweiten Weltkrieg wurden diese Länder Freunde. Doch Karl Ernst und Gertrud Osthaus hatten schon damals ausländische Freunde. Jetzt kannst du vielleicht noch besser verstehen, warum das Folkwang Museum so berühmt war und viele Menschen dafür nach Hagen kamen. Der Maler Emil Nolde nannte es sogar ein »Himmelszeichen«.

Als Karl Ernst Osthaus an einer schweren Krankheit 1921 starb, war der Erste Weltkrieg gerade einmal eineinhalb Jahre vorbei. Es war ein besonders grausamer Krieg gewesen, und er hatte Europa sehr verändert. Deutschland war kein Kaiserreich mehr, doch die demokratische Republik hatte auch noch nicht richtig begonnen. Osthaus hatte in diesen Jahren – so wie andere auch – viel Geld verloren. Du kannst dir sicher vorstellen, dass er sein Museum der Stadt Hagen hatte schenken wollen. Doch jetzt benötigte seine Familie Geld. Deshalb musste er sein Testament ändern. Obwohl die Stadt Hagen die Kunstsammlungen gerne behalten hätte, wurden sie 1922 an die Stadt Essen verkauft. Sie nahmen den Namen »Folkwang« mit. Heute muss man deshalb zwischen Hagen und Essen hin und her fahren, wenn man Osthaus und das Folkwang Museum verstehen will. Als ein berühmter amerikanischer Kunsthistoriker 1932 das Museum in Essen besuchte, nannte er es »das schönste Museum der Welt«.

Auf der linken Seite: Karl Schmitt-Rottluff, »Boote am Wasser« oder »Boote im Hafen«, gemalt 1913, Osthaus Museum Hagen. Auf der rechten Seite: Vincent van Gogh, Porträt des Armand Roulin, gemalt 1888. Dieses Gemälde befindet sich heute im Museum Folkwang, Essen. Beide Gemälde wurden von Osthaus für das Folkwang Museum in Hagen gekauft.

In diesem Buch finden nur wenige der Maler und Bildhauer, deren Werke die Osthaus' sammelten, Platz. Sie besaßen ebenfalls Gemälde von: Pierre Auguste Renoir (der auch ein Bildnis von Gertrud Osthaus gemalt hat) – Paul Gauguin – Paul Cézanne – Ferdinand Hodler (von dem auch das große Gemälde im Empfangsraum des Hohenhof stammt) – Edvard Munch – Paula Modersohn-Becker – Franz Marc – Ernst Ludwig Kirchner – Karl Schmidt-Rottluff – Paul Klee – Emil Nolde – Henri Matisse (der die Fliesenbilder im Wintergarten des Hohenhof schuf). Sie sammelten auch Skulpturen, etwa von: Auguste Rodin – Aristide Maillol (dessen Skulptur im Garten des Hohenhof heute leider verschollen ist; siehe Seite 65) – Georges Minne (der die Brunnenfiguren in der Halle des Museums schuf; siehe Seite 47). Bei Besuchen im Osthaus Museum in Hagen und im Museum Folkwang in Essen kannst du noch immer einige dieser Werke im Original sehen und studieren.

Karl Ernst und Gertrud Osthaus sammelten viele verschiedene Dinge. Den Grundstock des neu erbauten Museums sollte zunächst die Naturkundesammlung bilden. Auf seinen Reisen hatte Karl Ernst Osthaus auch begonnen, islamische Kunst zu sammeln. Eine Zeit lang dachte er daran, ein Museum für islamische Kunst zu gründen. Auch wenn er diesen Plan nicht ausführte, so besaß er doch eine bedeutende Sammlung und gab ihr Raum in seinem Museum. Als in München 1910 die bis heute größte Ausstellung islamischer Kunst stattfand, die je in Europa gezeigt wurde, gehörte Osthaus zu den wichtigsten Leihgebern.
Objekte aus diesen verschiedenen Bereichen – zu denen etwa auch antike, ägyptische und asiatische Kunst hinzu kommen – wurden schon seit Jahrhunderten gesammelt. In den Jahren um 1900 entdeckten die europäischen Sammler dann eine für sie gänzlich neue Welt: Objekte aus Afrika südlich der Sahara und aus Ozeanien. Es handelte sich um Objekte, die in diesen Regionen in Kulthandlungen Verwendung fanden. Sie waren oft nur wenige Jahre alt, wenn sie nach Europa gebracht wurden. Doch man schätzte sie als – wie man es nannte – Ausdruck ganz unmittelbarer, natür-

licher Kreativität. Und in der Tat kann man sich gut vorstellen, wie sehr diese Kultfiguren und Masken die Menschen um 1900 fasziniert haben müssen. Sie waren anders als alle Kunstwerke, die man bisher kannte. Zahlreiche Künstler suchten und fanden hier Anregungen. Auch Osthaus sammelte solche, wie man damals sagte, »primitive« Kunst.

Gemäldesammlungen werden in Museen bis heute meistens nach Ländern geordnet: deutsche Malerei, französische, italienische, holländische und englische Malerei und so weiter. Und meistens bleiben die Gemälde unter sich, manchmal werden sie zusammen mit Skulpturen aus den gleichen Ländern gezeigt. Karl Ernst Osthaus war ein Pionier für eine neuartige Präsentation der Kunstwerke. Das alte Schwarz-weiß-Foto zeigt eine Wand des Folkwang Museums. Hier sind zwischen die Gemälde Skulpturen von Südsee-Inseln (Ozeanien) platziert. Karl Ernst Osthaus wollte zeigen, dass in Europa und in den fernen Ländern Menschen dieselben Gefühle (Ängste, Freude, Trauer und so weiter) in ihren Kunstwerken zum Ausdruck bringen. Er verstand Kunst als eine gemeinsame Sprache aller Menschen.

Im Folkwang wurde auch eine Gruppe von Skulpturen aus Ozeanien ausgestellt. Osthaus erhielt die Figuren durch Vermittlung des befreundeten Ehepaares Ada und Emil Nolde. Sogenannte Uli-Figuren wie diejenige, die heute im Museum Folkwang in Essen aufbewahrt wird, wurden in Erinnerungsfeiern für Tote verwendet. Emil Nolde war wie viele andere Künstler fasziniert von solchen Objekten und ließ sich von ihnen für seine Gemälde anregen – so bei seinem Masken-Stillleben, das auf dem Schwarz-weiß-Foto zu sehen ist. Osthaus brachte das Gemälde und die Uli-Figur in seinem Museum in eine sprechende Nachbarschaft.

Karl Ernst und Gertrud Osthaus wohnten anfangs im Folkwang Museum. Ihre Wohnräume lagen neben den Museumsräumen. Wenn sie die Türen öffneten, konnten sie und ihre Besucher zwischen den Salons und den Galerien hin und her flanieren. Wenn sie die Türen schlossen oder wenn keine Besucher im Museum waren, blieben sie privat. Die Museumsbesucher waren praktisch immer auch Gäste der Familie. Das änderte sich erst, als die Osthaus' in den Hohenhof umzogen.

Für Karl Ernst und Gertrud Osthaus war dieses Museum ein großes Projekt. Sie ließen von einem zweiten Architekten, von Peter Behrens, einen Vortragssaal einbauen und ausgestalten. Er wurde aber leider im Zweiten Weltkrieg zerstört. Hier fanden viele Vorträge statt, hier wurden Tanzabende, Modenschauen und Lesungen organisiert. Zu diesen Veranstaltungen kamen nicht nur Menschen aus Hagen. Immer wieder reisten auch Gäste dafür eigens mit der Eisenbahn an.

Im Folkwang Museum fanden sehr, sehr viele Ausstellungen statt. Gezeigt wurden die verschiedensten Werke von modernen Malern und Bildhauern aus dem In- und Ausland. Man konnte dort moderne Druckgrafik kennen lernen oder Fotografie. Präsentiert wurden auch das allerneueste Kunsthandwerk und Design, die neuesten Beispiele für kunstvolles Porzellan oder Schmuck, für bedruckte Stoffe und Frauenkleidung, für Werbeplakate und vieles andere mehr. Im Februar 1911 fand beispielsweise eine Ausstellung zum Bahnhofsfenster von Johan Thorn Prikker statt. Die Besucherinnen und Besucher konnten diese Ausstellungen im Wechselgespräch mit der ständigen Sammlung anschauen. Dort sahen sie dann Werke aus anderen Zeiten sowie aus anderen Länden und Kulturen. Im Juni 1909 wurden Batiken aus Java, orientalische Teppiche und türkische Seiden, die alle älter als 100 Jahre waren, ausgestellt. Im Winter 1914 wurde schließlich eine Ausstellung islamischer Kunst aus dem Besitz des Folkwang Museums präsentiert.

Die beiden Osthaus legten eine große Sammlung von Dias an. Mit den modernen elektrischen Diaprojektoren konnte man – wie heute mit dem Beamer – Fotos bei Vorträgen zeigen. Die Osthaus' bauten eine richtige Bibliothek solcher Bilder auf. Mehr noch: Sie stellten Bilderserien für Vorträge zusammen. Man konnte sie ausleihen, um an anderen Orten Vorträge über Kunst zu halten. Karl Ernst Osthaus gründete auch ein mobiles Museum, das auf den Seiten 126 – 127 vorgestellt wird.

Gegründet wurde schließlich ein eigener Verlag: der Folkwang-Verlag. Hier erschienen die Museumskataloge, aber auch weitere wissenschaftliche Bücher zur Kunst aller Zeiten und Länder sowie Künstlerbücher. Auf die Gestaltung der Bücher wurde großen Wert gelegt. Vor allem bauten die Osthaus' hier ihr riesiges Fotoarchiv auf. Es sollte so etwas wie ein Fotomuseum, ein »imaginäres Museum« der Weltkunst werden.

Das Museum war also ein sehr lebendiger Ort, ein richtiger »Folkwang«.

ORNAMENTE UND IHRE GRAMMATIK

Die Räume, in denen wir leben, haben zumeist weiße oder allenfalls einfarbige Wände; auch die Einrichtungsgegenstände, die sich darin befinden, tragen nur selten mehrfarbige Muster – allein auf Polstern, Kissen und Vorhängen dürfen sich manchmal Streifen oder Punkte, Karos oder gar bunte Blumen ausbreiten. In früheren Jahrhunderten war das anders: Die Menschen liebten es, alle möglichen Oberflächen mit Ornamenten zu schmücken. Nicht nur Stoffe, sondern auch Wände, Möbel und andere Dinge wurden mit bunten Mustern überzogen. Reisende betrachteten mit großer Aufmerksamkeit die Ornamente, die sie an fremden Orten fanden. Sie zeichneten sie und beschrieben sie in Briefen und Reiseberichten; nicht selten brachten sie auch kunstvoll gestaltete Dinge – Teppiche oder Fliesen, bestickte Stoffe oder Kästchen aus farbigen Hölzern – mit nach Hause. So wurde der Schatz von Mustern, den man in Europa kannte, immer größer.

Manche Leute fanden es reizvoll, möglichst viele der schönen Muster nebeneinander zu verwenden, manchmal sogar in einem Raum. Wenn man das tut, kann es geschehen, dass die einzelnen Ornamente nicht zueinander passen oder gar in Widerstreit geraten; wir würden sagen: Sie beißen sich.

Im 19. Jahrhundert, als das Interesse an Ornamenten sehr groß war, versuchten einige Forscher und Künstler, Regeln zu finden, nach denen man sie so anwenden konnte, dass eine harmonische Gestaltung dabei herauskam. Vielleicht würde es helfen, wenn man sie in eine systematische Ordnung brachte, ähnlich wie man das für Tiere oder Pflanzen getan hatte? Einer dieser Forscher war der englische Architekt Owen Jones (1809–1874).

Er war weit gereist und hatte Bauwerke und ihre Einrichtungen studiert. Besonders bewundert hatte er die Alhambra, eine Palastanlage, die die Mauren in Granada errichtet hatten. Hier sind nicht nur die Wände, sondern auch Decken und Gewölbe ganz und gar mit Mustern überzogen. Sämtlich aus geometrischen Elementen konstruiert, stören sie einander jedoch überhaupt nicht, im Gegenteil: Owen Jones fand, die Alhambra sei ein Modell vollkommener Schönheit. Er beschloss deshalb, ein Buch zu machen, das Ornamente aller möglichen Völker und Zeiten und zugleich Regeln zu ihrer Anwendung enthalten sollte; Künstler sollten damit die Ornamentik studieren können wie eine Sprache, in der sie dann eigene Sätze bilden könnten. Er nannte das Buch »Die Grammatik des Ornaments« (»The Grammar of Ornament«); der Alhambra war darin ein eigenes Kapitel gewidmet. Zwei Seiten aus diesem 1856 erstmals erschienenen Buch sind hier abgebildet.

Die Muster, die Owen Jones besonders gefielen, sind eigentlich nur aus wenigen Elementen zusammengesetzt: Aus geraden und geschwungenen Linien werden Sterne und Rosetten gebildet; die Felder, die darin entstehen, sind mit kleinen goldenen Blättern und Blüten gefüllt. Jones fand, man könnte in diesen Mustern mit den Augen spazierengehen, ohne sich je zu langweilen.

Ich habe die Fliesen entdeckt, die Karl Ernst Osthaus gesammelt hat: Die meisten sind quadratisch, mit unterschiedlichen Motiven dekoriert; manchmal wurden sie in Gruppen zusammengestellt und in einen Rahmen gefasst. So etwas sieht man nur selten in einem Museum. Ich frage mich, warum Osthaus sich wohl dafür interessiert hat. Am besten rufe ich einmal meine Kollegin Nuria Cabrera Bonal an. Sie ist eine bekannte Spezialistin für Keramik, vor allem für die Fliesen aus Spanien und Portugal sowie aus den islamischen Ländern.

Philipp: Hallo, Nuria! Wie geht es Dir?

Nuria: Hallo, Philipp! Ich freue mich, dass du einmal wieder anrufst! Du hast aber auch Glück: Ich bin gerade von einer Reise in die Türkei zurückgekommen. Natürlich habe ich dort nach interessanten Fliesen gesucht – und ich habe viele schöne Beispiele gesehen, die ich noch nicht kannte. Sehr anregend für meine Forschungen, kann ich Dir sagen...

Philipp: Na, dann habe ich ja wohl gerade den richtigen Moment erwischt. Ich möchte dich nämlich etwas fragen: Ich beschäftige mich gerade mit Karl Ernst Osthaus, dem Hagener Sammler und Museumsgründer. Er hat zu Beginn des 20. Jahrhunderts die unterschiedlichsten Kunstwerke erworben, und stell' dir vor, es gehörten auch Fliesen dazu. Sie wurden 1908 und 1909 in Spanien gesammelt. Osthaus hat auch darüber geforscht. Hast du eine Idee, warum er gerade so etwas interessant fand?

Nuria lacht: Ich kann mir fast nicht vorstellen, dass jemand Fliesen nicht interessant finden könnte! In diesen kleinen Täfelchen ist soviel Information aufgehoben, die wir ohne sie nicht hätten! Zum Beispiel die Farben – in vielen alten Kunstwerken ist die ursprüngliche Farbigkeit nicht mehr erkennbar; sie ist verblasst oder abgerieben.

Da die Fliesen aber glasiert und gebrannt wurden, sind in ihnen die alten Farben perfekt erhalten. So können wir uns mit ihrer Hilfe vorstellen, welche Farben und Farbkombinationen in früheren Jahrhunderten besonders geschätzt wurden.

Philipp: Daran hatte ich wirklich noch nicht gedacht. Aber sag' mal, warum hat man denn überhaupt so viele bunte Fliesen hergestellt? Doch sicher nicht als Farbmusterkarte für uns?

Nuria: Nun, in vielen Ländern gelten Fliesen als ideale Wandverkleidung: Sie sind lichtbeständig, halten Hitze und Feuchtigkeit aus. Das ist aber nur die praktische Seite. Wichtiger und interessanter sind die schönen Muster, die man mit ihnen bilden kann. Eine einzelne Fliese ist ein kleiner Baustein; viele davon kann man auch in unterschiedlichen Kombinationen zusammensetzen. Ob eine Wandfläche groß ist oder klein – mit farbigen Fliesen kann man ihr einen Rhythmus geben. Wenn die Fliesen mit Modeln geformt oder mit Stempeln geprägt wurden, bekommt die Wand sogar eine plastische Oberfläche! Als ich noch klein war, habe ich manchmal die alten Fliesenwände in unserer Nachbarschaft mit geschlossenen Augen abgetastet und versucht, ihre Muster zu erkennen. Das hat Spaß gemacht! Heute weiß ich, dass es für diese Art der Herstellung auch wirtschaftliche Gründe gab: Wenn man mit Modeln oder Stempeln arbeitet, kann man sehr schnell große Mengen von gleichartigen Fliesen produzieren – das sind fast schon Verfahren, wie sie später in der Industrialisierung entwickelt wurden.

Philipp: Jetzt verstehe ich, warum Osthaus sich so für die Fliesen interessiert hat! Danke, Nuria – du hast mir sehr geholfen!

Nuria: Mit Vergnügen! Wenn du magst, dann komm' mich doch einmal besuchen – ich zeige dir gern die Fliesen, die ich gesammelt habe. Die meisten von ihnen sind zwar nicht alt, aber ich habe eine ganze Menge schöner neuer Muster gefunden.

Philipp: Das mache ich gern – bis bald!

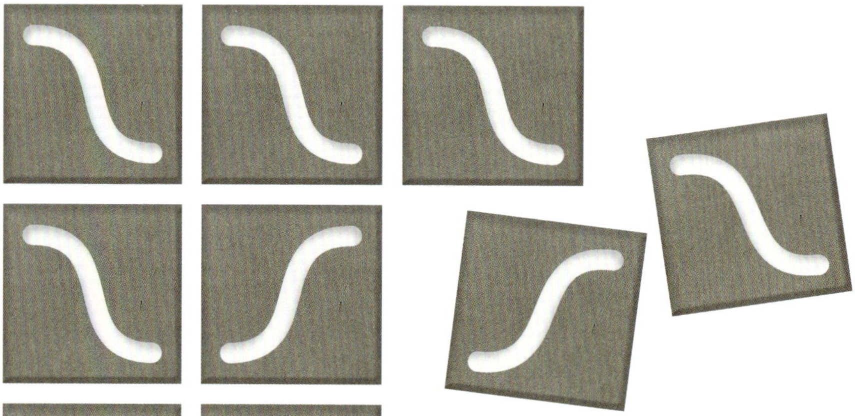

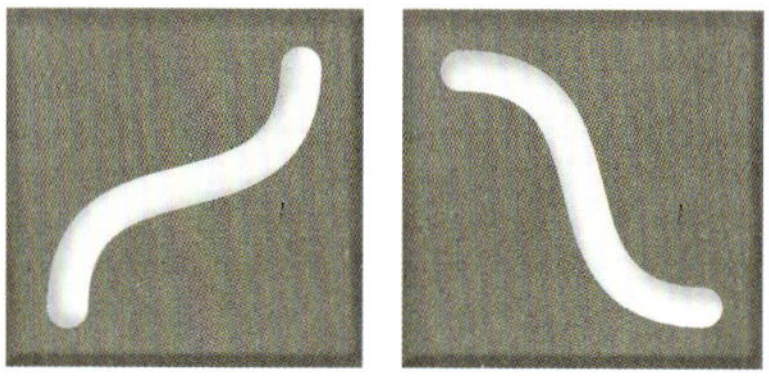

Manchmal tragen Fliesen Motive, die eine Richtung haben – so wie hier die kleine Welle. Wenn man sie dreht, kann man daraus neue, größere Muster komponieren.

Schon in der Antike ließ man sein Landhaus von Hunden bewachen; vor allem warnte man mögliche Eindringlinge vor ihnen »hüte dich vor dem Hund« – lateinisch: »cave canem«. Van de Velde hat eine Fliese entworfen, bei der aus einer Dogge (wie sie auch die Familie Osthaus besaß), ein Ornament gestaltet ist. Und wo findet sich diese Fliese im Hohenhof? Am Eingang!

In der Fliesen-Sammlung von Karl Ernst Osthaus findet man einige, die ein in sich abgeschlossenes Muster zeigen; man kann es nach allen Seiten beliebig oft wiederholen. Zugleich entsteht an den Verbindungsstellen etwas ganz Neues – schau Dir zum Beispiel das Feld ganz unten links einmal genau an! Andere Fliesen tragen nur einen Musterausschnitt; erst in der Kombination von vier Quadraten zu einem größeren wird das vollständige Motiv sichtbar. So ist es etwa bei dem Feld oben in der Mitte.

HENRY VAN DE VELDE

Henry van de Velde wurde 1863 in Antwerpen in Belgien als Sohn eines Apothekers geboren. Als Schüler wollte er gern Musiker werden. Sein Vater wollte lieber, dass er Staatsbeamter wurde. Van de Velde schrieb sich jedoch heimlich an der Akademie der schönen Künste in Antwerpen ein – inzwischen wollte er Malerei studieren. Als es herauskam, sahen seine Eltern, wie ernst ihm dieser Wunsch war und verboten es nicht mehr. Hauptstadt der Künste war damals Paris. Deshalb ging van de Velde nach dem Studium für einige Monate dorthin. Er wurde Mitglied der wichtigsten belgischen Künstlervereinigung seiner Zeit und war auf dem Weg, ein angesehener Maler zu werden.
Doch es fehlte ihm etwas in der Malerei. Er hatte das Gefühl, als Maler nicht seinen Beitrag für die sich verändernde Gesellschaft seiner Zeit leisten zu können. Es reichte ihm nicht, Bilder zu malen, die nur wenige Wohnungen und Häuser von wohlhabenden Menschen schmücken. Van de Velde

wollte statt dessen als Architekt und durch den Bau vieler privater und öffentlicher Gebäude wie Museen und Theater wirken. Auch durch den künstlerischen Entwurf von Gebrauchsgegenständen für das tägliche Leben wie Möbel, Porzellan, Kleidung und Schmuck versuchte er, möglichst viele Menschen zu erreichen. Er gründete Werkschulen, um junge Menschen, aber auch Handwerker im Entwerfen zu unterrichten. Man kann ihn einen »Alleskünstler« nennen.

Die Welt hatte sich durch die neuesten Erfindungen der Technik und Wissenschaft, durch Dampfmaschinen, Eisenbahnen, Strom, Telefon und Glühlampen und vieles mehr dramatisch verändert. Sie sah jedoch fast noch so aus wie in den Jahrhunderten zuvor. Hier sah van de Velde seine Aufgabe als Künstler: Er wollte den Menschen einen neuen Weg für die Gestaltung ihrer Umwelt aufzuzeigen, der zu dem großen Fortschritt der Zeit passen und nicht mehr die Vergangenheit kopieren sollte.
Seinen größten Erfolg erreichte er in Deutschland. Er lebte lange Zeit in Weimar. Im Ersten Weltkrieg (1914–1918) wurde er allerdings als »feindlicher Ausländer« angesehen und verließ das Land wieder. Im Laufe seines Lebens hat van de Velde vier Häuser für sich und seine Familie neu gebaut: So oft musste er umziehen und neu anfangen. Gestorben ist er 1957 in der Schweiz.

Die Fotos auf dieser Seite zeigen van de Velde bei der Arbeit in seinem Atelier in Weimar. Im Hintergrund des kleineren Bildes ist, leider ganz unscharf, ein Gipsmodell des Hohenhofs erkennbar. Auf Seite 66 findest du eine bessere Aufnahme von dem Modell mit einem Bebauungsplan der Siedlung im Hintergrund. Welche Seite vom Hohenhof zeigt das Modell auf dem Foto? Vielleicht magst du selbst ein Modell von einem Haus bauen. Man kann das recht einfach aus Kartons, Schachteln, Pappen und so weiter tun.

DER HOHENHOF: EIN HAUS UND DAS GANZE LEBEN GESTALTEN

Vom berühmten Hohenhof hatte ich schon gehört, bevor ich das erste Mal nach Hagen fuhr. Er ist einer der wichtigen Orte der »Route der Industriekultur« und gilt als ein bedeutendes Denkmal für die Architekturgeschichte. Er wurde in einer Zeit gebaut, als sich unsere heutigen Vorstellungen davon entwickelten, wie man gern wohnen möchte. Da der Hohenhof vor über hundert Jahren für Karl Ernst Osthaus und dessen Familie errichtet wurde, konnte ich mir schon denken, dass es sich um ein besonderes Gebäude handeln musste. Karl Ernst und Gertrud Osthaus hatten ja eine große Kunstsammlung und interessierten sich für die Gestaltung ganzer Städte –

ich war gespannt darauf, zu sehen, wie sie gewohnt haben. Obwohl ich vorher schon ein paar Fotos gesehen hatte, war das Haus dann eine Überraschung. Es beeindruckte mich sehr. Ich musste jedoch erst einmal näher heran und langsam um das Gebäude herum gehen, bevor ich mir vorstellen konnte, dass

es tatsächlich das Wohnhaus einer Familie gewesen ist. Das Haus sieht ganz anders aus, als Einfamilienhäuser von heute. Wenn man es genau betrachtet, findet man aber auch viel Ähnliches.

Der Hohenhof hat von jeder Seite ein völlig anderes Gesicht. Vorn ist er geschlossen, und hinten öffnet er sich mit großen Fenstern und einer Terrassenanlage in den Garten. Von der Straße aus erkennt man große Tore, die wie Garagen aussehen. Sie sind für Kutsche und Pferd, vielleicht auch schon für ein Auto geplant worden. Diesen Teil des Hauses nannte man Remise. Erst im Eingangshof kann man den Haupteingang sehen. Es gibt auch hier viele Fenster, aber man kann nicht genau ablesen, was sich dahinter verbirgt. Eine Reihe großer Fenster mit Gittern aus Buchstaben fällt auf. Die Buchstaben sind die Anfangsbuchstaben von Karl Ernst Osthaus – jeder sollte sofort erkennen, wer hier wohnt. Weiter rechts befindet sich eine Durchfahrt. Pferd und Kutsche konnten hier vom Eingang auf die andere Seite der Remise geführt werden, wenn sie untergestellt werden sollten.

Besonders auffällig sind das Material, aus dem das Haus gebaut wurde, und sein Dach, das mit Schiefertafeln gedeckt ist und bis über die Wände des zweiten Stocks herunterreicht. Man nennt das ein Mansarddach, die halbrunden Dachfenster heißen Fledermausgauben. Der grob behauene hellgraue Stein, mit dem die Wände verkleidet sind, ist ein harter Kalkstein aus Hagen. Er wird bis heute in der Nähe des Hohenhofes, in der Donnerkuhle, gebrochen.

Karl Ernst und Gertrud Osthaus haben ihrem Haus einen Namen gegeben: Hohenhof. Vielleicht magst du dem Haus, in dem du lebst, auch einen Namen geben. Oder einem anderen Haus, das du beim Spazierengucken entdeckst.

Das »KEO« als Monogramm für Karl Ernst Osthaus wurde von Henry van de Velde für die Fenstergitter des Hohenhofs entworfen und am 27. August 1907 von Weimar, wo der belgische Künstler mit seiner Familie lebte, nach Hagen gesandt. Im Hohenhof ist das Monogramm bis heute an den Fenstern des Vestibüls, des Speisezimmers und des Kinderzimmers zu finden. Die Räume, für deren Fenster das Monogramm entworfen wurde, dienten als Eingangshalle oder für den Aufenthalt bei abendlichen Gesellschaften der persönlichen Repräsentation des Bauherren und waren durch die schmückende Vergitterung auch von Außen als besondere Räume erkennbar.

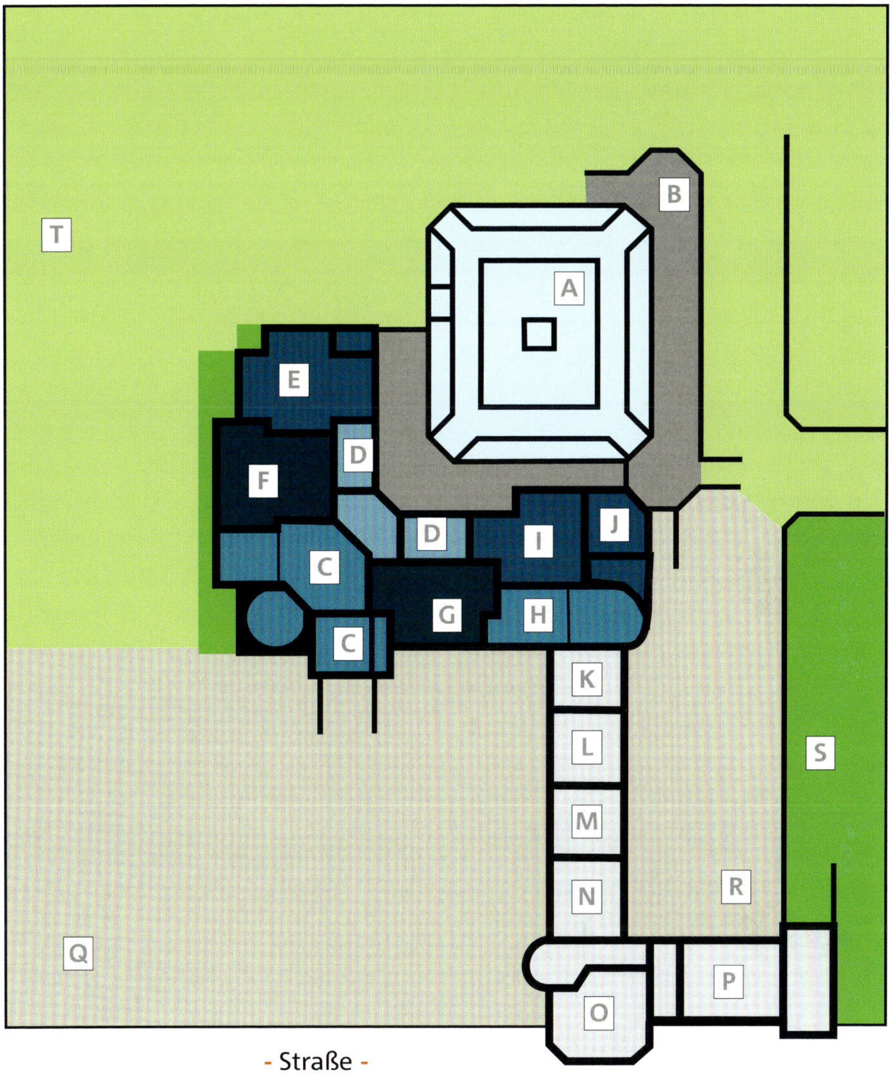

Grundriss Hohenhof

A	Brunnenhof
B	Terrasse / Arkaden
C	Vestibül / Halle
D	Wintergarten
E	Arbeitszimmer
F	Salon
G	Speisezimmer
H	Anrichte
I	Kinderzimmer
J	Bühne
K	Durchfahrt
L	Zeugraum
M	Pferdestall
N	Garage
O	Gärtnerhaus
P	Gewächshaus
Q	Eingangshof
R	Wirtschaftshof
S	Wirtschaftsgarten
T	Garten

Besuch kam normalerweise nicht unangemeldet. Man hatte eine Einladung, und die Gastgeber hatten sich darauf vorbereitet, Besuch zu empfangen. Dennoch öffnete nur selten der Hausherr persönlich; sein Leibdiener war dafür zuständig. Er war den Gästen behilflich mit der Garderobe oder ihrem Gepäck und führte sie vom Vestibül – im Hohenhof eine Art Vorhalle mit Garderobe – durch die elegante Halle des Hauses in den sogenannten Empfangssalon. Gäste konnten hier einige Minuten ausruhen, bevor die Gastgeber sie begrüßten.
Hier im Empfangssalon, nach Durchschreiten der Halle, können Besucher des Hauses noch heute genau erkennen, wie kunstvoll die gesamte Einrichtung gestaltet ist. Der Hohenhof wird auch als Gesamtkunstwerk bezeichnet, denn alles ist genau aufeinander abgestimmt. Der Künstler, der alles entworfen hat, ist Henry van de Velde. Manchmal trug Frau Osthaus sogar Kleider, die der Künstler für sie entworfen hatte. Van de Velde hat sich genau überlegt, was für ein Haus die Familie benötigte, und in enger Absprache mit Karl Ernst, aber vor allem auch mit Gertrud Osthaus dann die Einrichtung anfertigen lassen. Einige Gemälde und Skulpturen von anderen Künstlern, die extra für die Einrichtung ausgesucht worden waren, dienten als Grundlage für die Wahl der Farben.

Gleich beim Eintritt in die Halle sieht man die untere rechte Hälfte eines Gemäldes, das eine gesamte Wand im Empfangssalon füllt. Das Gemälde war schon gemalt, bevor der Hohenhof entstand. Van de Velde hat den Raum genau so groß geplant, dass er zu dem Gemälde passt. Die Farben des Marmorfußbodens, der Polster- und Vorhangstoffe wurden ebenfalls so ausgewählt, dass sie zu den Farben des Bildes passten. Nichts im Raum sollte die Wirkung des Gemäldes stören.

Auf der historischen Aufnahme des Raumes ist hinten rechts beim Sofa eine auffällige Stelle zu erkennen, an der das Foto scheinbar kaputt ist. Jedenfalls weckte diese Stelle meinen Verdacht, und ich habe das Foto mit der Lupe studiert, weil ich es genau wissen wollte. Ganz offensichtlich hatte hier jemand versucht, ein Telefon verschwinden zu lassen. Das Telefon war nicht von Henry van de Velde entworfen und störte daher den einheitlichen Gesamteindruck des Raumkunstwerks. Bei einer kleinen Abbildung fällt die Stelle nur auf, wenn man ganz genau hinschaut. Heute zeigt uns das Telefon, dass der Raum nicht nur zum Empfang von Gästen, sondern auch zum Telefonieren genutzt wurde. Das war damals noch etwas ganz Besonderes. Nur sehr wenige Menschen hatten ein eigenes Telefon. Für mich sind solche Details der Beweis, dass das Haus auch wirklich bewohnt wurde und nicht nur ein reines Kunstwerk gewesen ist. Doch wie findest Du die Idee, das Leben bis in die kleinsten Dinge zu gestalten?

ANNIES TRAUM

Annie hatte nicht gut geschlafen, überhaupt nicht gut. Dabei war heute ihr erster Tag als Dienstmädchen in der Villa Westberg. Wenn sie nur keine Fehler machte! In ihrem Traum hatte sie mit einem riesigen Tablett durch ein großes, dunkles Haus gehen müssen. In jedem Raum, den sie betrat, stellte jemand etwas darauf ab. Bereits im Erdgeschoss hatte sie schon einiges Geschirr zu tragen. Vorsichtig war sie die Treppe zur ersten Etage hinaufgestiegen. Dort türmten sich bald immer mehr Teller, Schüsseln und Gläser auf ihrem Tablett. Annie konnte das Gewicht kaum noch balancieren, und ihre Arme erlahmten immer mehr. Doch auch auf dem Rückweg zur Küche stellten schattenhafte Wesen mit übergroßen Händen weitere Gläser und Teller bei ihr ab. Ihre Arme taten jetzt furchtbar weh, und das Geschirr klirrte immer bedenklicher. Als gerade alles herunter zu rutschen begann, war Annie schweißgebadet aufgewacht.

Von unten kam ein leises Scheppern und Klirren. Ihre Mutter bereitete in der Wohnküche das Frühstück und den Proviant für die Arbeit vor. Annie bemerkte erleichtert, dass sie Klara und Else nicht aufgeweckt hatte. Die sechsjährigen Zwillinge lagen zusammengerollt wie Igelchen neben ihr im Bett. Auch ihre beiden älteren Schwestern im Bett gegenüber schliefen noch fest. Es war also noch keine sechs Uhr, denn um sieben mussten nicht nur ihr Vater und ihr großer Bruder Fritz in der Kühn'schen Textilfabrik sein. Auch für die vierzehnjährige Luise und die ein Jahr ältere Frieda begann dann der Arbeitstag. Bis zu ihrem sechzehnten Lebensjahr arbeiteten sie jedoch nur zehn Stunden als Maschinennäherinnen, so wie es das Gesetz vorschrieb.

Insgesamt ging es der Familie gut. Annies Vater führte seit längerem die Aufsicht über einen Saal mit 50 Näherinnen. Außerdem wohnten sie seit zwei Jahren in der modernen Arbeitersiedlung des Fabrikanten Kühn. In dem schönen Reihenhaus verfügten die Mädchen sogar über ein eigenes Schlafzimmer im oberen Stock. Der kleine Albert und das neugeborene Hänschen schliefen nebenan bei den Eltern, während der fast erwachsene Fritz sein Nachtlager unten in der Küche aufschlug. Annie erinnerte sich, wie schwer es gewesen war, als auch ihre Mutter noch von Montag bis Samstag zwölf Stunden in der Fabrik nähen musste. Doch jetzt kamen sie durch den Gemüse- und Obstgarten hinter dem Haus, in dem sie zudem Hühner und Kaninchen hielten, viel besser über die Runden. Bald würde auch Annie ihren Lohn beisteuern, worauf sie sehr stolz war. Die Dreizehnjährige hatte sich jedoch mit allen Mitteln dagegen gewehrt, ebenfalls Arbeiterin zu werden. Seit einem Monat war ihre beste Freundin Paula als Dienstmädchen bei Richter Maibaum in Stellung und schwärmte ständig davon. Vor drei Tagen hatte sich auch Annie bei einer vornehmen Herrschaft vorgestellt und eine Zusage erhalten, natürlich mit Probezeit. Nun war sie allerdings doch etwas verzagt. Denn ab heute würde sie ihre Familie nur noch sonntags sehen, wenn sie denn Ausgang bekam.

Nach einer Stunde Fußweg stand Annie endlich am Dienstboteneingang der prächtigen Villa und umklammerte fest das Bündel, das ihr zweites Kleid, etwas Leibwäsche und wenige ihr liebe Dinge enthielt. Schließlich läutete sie. Der Hausdiener Konrad führte das Mädchen in die riesige Küche, in der bereits emsiger Betrieb war. »Gut, dass du da bist, Kindchen, hier weilt das Chaos«, empfing sie die Köchin Auguste. »Erna ist krank, also wirst du gleich der Herrschaft das Frühstück servieren. Dort ist das Tablett für den gnädigen Herrn, Konrad begleitet dich zum Arbeitszimmer. Dann bringst du das zweite Tablett der gnädigen Frau nach oben ins Schlafzimmer. Leg deine Sachen nur hier ab.« Auguste band dem Mädchen kurzerhand eine blütenweiße, spitzenverzierte Schürze mit einer großen schönen Schleife um und befestigte dann noch ein Häubchen auf den hochgesteckten Zöpfen. Annie, fast zur Salzsäule erstarrt, sagte sich: Du wolltest doch unbedingt Dienstmädchen werden, also sei jetzt auch eins!

Am späteren Abend lag Annie erschöpft und glücklich in der kleinen Mädchenkammer unter dem Dach. Sie hatte der Hausherrin beim An- und Auskleiden beigestanden, aufgeräumt, Möbel abgestaubt, Silber geputzt und sogar Konrad beim Servieren der Mahlzeiten geholfen. Nichts war ihr heruntergefallen, und sie hatte alles gut gemacht! Vieles ging hier wie durch Zauberhand: Außer den Lampen funktionierten auch der Herd, ja selbst der Wasserkessel elektrisch! Sogar eine Zentralheizung gab es. Annie spazierte in Gedanken immer wieder durch die vielen Räume. Das war so gar kein Möchtegernhaus, sondern ein Haus mit einer ganz besonderen Persönlichkeit. Es verströmte zugleich Licht, Schönheit und Eleganz sowie Würde und Geborgenheit. Nichts beleidigte die Augen! Das Haus und all die wunderbaren Dinge darin, aber auch alle Formen und Farben passten irgendwie zusammen. Nur wie? Bevor Annie einschlief, hatte sie einen Entschluss gefasst. Ihr würde zwar nie eine solche Villa gehören. Aber auch sie selbst würde schöne Dinge besitzen und sich ein freundliches Zuhause schaffen. Hier in der Villa Westberg würde sie Tag für Tag immer weiter Schönheit lernen und in ihr Leben mitnehmen.

Muster, die sich auf einer Fläche wiederholen sollen, kann man auch mit einer Schablone herstellen. Wenn es ein mehrfarbiges Muster werden soll, braucht man mehrere davon. Eine Schablone ist ein flaches Stück Karton (es kann auch Leder oder Kunststoff sein), aus dem ein Mustermotiv ausgeschnitten wurde.
Man legt diese Form auf die Fläche, die man mustern will, und tupft die Leerstellen mit Farbe aus. Wenn sich die Motive auf einer Wand oder Decke zu einem großen Muster zusammenfügen sollen, muss man die Schablone immer neu auflegen – und dabei sorgfältig darauf achten, dass die Abstände zwischen den Motiven immer gleich sind und an den Rändern nichts verschmiert.
Das Ornament, zu dem die abgebildete Schablone gehört, wurde von Thorn Prikker für eines der Häuser am Stirnband entworfen.

Das Herrenzimmer ist ein besonderer Raum im Hohenhof. Es war eigentlich das Arbeitszimmer von Karl Ernst Osthaus, der hier viele Projekte plante oder Briefe schrieb, um seine Projekte voranzutreiben. Dort verfasste er Aufsätze zu Themen, die ihn besonders interessierten, und dorthin zog er sich zum Nachdenken zurück. Hier umgab Osthaus sich mit den wichtigsten Büchern, die er für seine Arbeit benötigte, und mit kleineren Kunstwerken, die ihn gerade beschäftigten oder die ihn bei der Arbeit inspirierten. Die vielen Regale und Vitrinenschränke, die den gesamten Raum füllen und zu einer kleinen Bibliothek machen, wurden für diese Gegenstände und vor allem für die Bücher benötigt, damit sie jederzeit zur Hand waren. Im Raum gibt es auch noch eine eigene Abstellkammer, um darin größere Gegenstände ebenfalls ordentlich verstauen zu können.

Der Mittelpunkt der Einrichtung ist ein großer Schreibtisch. Er bot Osthaus genügend Platz, Bücher und Dokumente bei der Arbeit vor sich ausbreiten zu können. Wenn er mittags eine Pause machen wollte, konnte er sich auf dem großen Sofa hinter dem Schreibtisch ausruhen. Um Besuch zu empfangen, gab es noch einen weiteren Tisch. Auf gepolsterten Bänken konnte Osthaus dort mit mehreren Personen, direkt im Licht eines großen Fensters mit Blick auf den Garten, Platz nehmen.

Abends war dies auch der richtige Ort, an dem Karl Ernst Osthaus sich mit seinen männlichen Gästen zum Rauchen oder für eine Runde Karten niederlassen konnte, während Frau Osthaus den weiblichen Gästen einen Likör im Salon reichte. Das Arbeitszimmer von Herrn Osthaus war also zugleich das Herrenzimmer und diente neben der Arbeit auch der Unterhaltung bei abendlichen Gesellschaften, wie man das damals nannte.

Sehr bald nachdem das Haus eingerichtet war, ließ Osthaus sich von Johan Thorn Prikker ein besonderes Muster für die Decke seines Arbeitszimmers entwerfen. Thorn Prikker schuf ein kompliziertes Muster, das mit mehreren Schablonen auf den hellen Putz der oberen Wände sowie der Zimmerdecke aufgemalt wurde. Kräftig farbige Wände waren zu dieser Zeit nichts Ungewöhnliches, und es ist eher etwas Besonderes, dass der Hohenhof so viele weiße Wände hat. Henry van de Velde war allerdings nicht sehr glücklich über diesen nachträglichen Eingriff in »sein« Raumkunstwerk.

Karl Ernst und Gertrud Osthaus luden gern Gäste in den Hohenhof ein. Ihre Reisen, Sammelleidenschaften und die zahlreichen Kunstprojekte brachten sie immer wieder in Kontakt mit interessanten Leuten, und es machte ihnen Freude, mit Künstlern und Kunstförderern, Wissenschaftlern und Unternehmern intensive Gespräche zu führen. Das ging natürlich am besten bei einem festlichen Essen!

Schon die Einladung zu einem solchen Abend zeigte den Gästen, wie sorgfältig die Osthaus' alle Dinge, mit denen sie sich umgaben, gestaltet hatten: Die Gastgeber schickten ihnen einen Brief. An den künstlerisch gestalteten Buchstaben, die in das feine Papier eingedruckt waren, konnten die

Empfänger gleich erkennen, wer sich ihre Gesellschaft erbat; die eigentliche Einladung war natürlich mit der Hand geschrieben. Sie teilte ihnen mit, wann das Essen stattfinden sollte; manchmal erfuhren sie auch, dass für den Abend ein besonderer Ehrengast erwartet wurde.

Planung und Vorbereitung einer Abendgesellschaft lagen meistens in den Händen der Hausherrin: Zusammen mit der Köchin bestimmte sie die Speisenfolge für das Essen und wählte die Blumen für den Schmuck der Tafel aus. Wahrscheinlich musste sie ab und zu auch einmal darauf hinweisen, dass die silbernen Kerzenleuchter noch einmal geputzt werden sollten, damit sie schön glänzten. Besonders wichtig war die Sitzordnung bei Tisch: War die Tafelrunde klein, so konnten alle ein gemeinsames Gespräch führen; gerade bei größeren Gesellschaften aber kam es darauf an, dass die Tischnachbarn einander sympathisch waren und an denselben Themen Interesse fanden. Das musste man natürlich bei der Planung bedenken!

Wenn die Gäste eintrafen, wurden sie zuerst von einem Diener in den Salon geführt. Die Osthaus' erwarteten sie hier und boten ihnen etwas zu trinken an. Wenn es Gäste gab, die einander an diesem Abend zum ersten Mal begegneten, wurden sie dabei miteinander bekannt gemacht.
So konnten die Gastgeber auch gleich dafür sorgen, dass die richtigen Gesprächspartner zueinander fanden. Erst wenn alle Gäste angekommen waren, ging man gemeinsam in das Speisezimmer.

Im Speisezimmer war die Tafel festlich gedeckt (und Gertrud Osthaus hatte sicher noch einmal geprüft, ob alles genau nach ihren Anordnungen vorbereitet worden war!): Auf einem weißen Leinendamasttuch stand ein schönes Speise-Service, das der Architekt Peter Behrens zuerst für sein eigenes Haus entworfen hatte. Hellgrau auf weißem Grund zeigt es ein Muster aus geschwungenen Linien, das die geometrischen Formen des Geschirrs betont. Es passte vollkommen zu den feinen silbernen Linien, die sonst die Ausstattung des Speisezimmers bestimmten. Für jeden Gast war ein großer Teller gedeckt, links daneben stand ein kleiner Brotteller mit dem gleichen Dekor. Henry van de Velde hatte das Besteck gestaltet, das für den Abend aufgelegt worden war; Messer, Gabeln und Löffel trugen alle das Monogramm von Karl Ernst Osthaus in der Form, die der »Alleskünstler« gezeichnet hatte. Die Gläser für Wein und Wasser, dünnwandige transparente Kelche, deren Proportionen aufeinander abgestimmt waren, hatte wiederum Peter Behrens entworfen. Wenn die Gäste Platz genommen hatten, trugen Diener die Speisen auf. Platten und Schüsseln, die gereicht wurden, gehörten entweder zu dem Porzellan-Service, oder sie waren aus Silber gefertigt. Auf dem Tisch standen kleine silberne Gefäße für Salz und Pfeffer. Leuchter

und andere dekorative Silbergegenstände schmückten Tafel und Buffet. Jedes einzelne Stück war von einem Künstler mit Bedacht gestaltet und sorgfältig ausgeführt worden; alle fügten sich in den eleganten Rahmen, den van de Velde mit dem Speisezimmer im Hohenhof geschaffen hatte.

Sicher hatten die Gäste immer wieder Freude daran, das silberne Besteck in die Hände zu nehmen, aus den feinen Gläsern zu trinken, die Damastservietten zu berühren und die Leuchter, Vasen und Schalen zu betrachten. Gelegentlich gratulierten sie wohl auch ihren Gastgebern zu all den kostbaren Dingen; als Auftraggeber hatten sie ja häufig unmittelbar Anteil an deren Gestaltung genommen. Wahrscheinlich kreisten die Tischgespräche im Hohenhof aber auch immer aufs Neue um die Frage, wie man schöne Gegenstände für möglichst viele Menschen herstellen und in Gebrauch bringen könnte – Silber oder Meißener Porzellan waren dazu vielleicht nicht unbedingt notwendig; auf die Sorgfalt, mit der Form und Handhabung bedacht wurden, aber kam es wirklich an.

Der Damensalon war nicht nur der Raum, in den sich Gertrud Osthaus nach einem festlichen Abendessen mit den weiblichen Gästen zurückzog, um noch einen Kaffee oder Likör zu trinken und eine Weile zu plaudern. Sie benutzte ihn auch, wenn sie am Nachmittag einige Damen zum Tee einlud. Tee-Gesellschaften waren, nachdem sie zuerst in England große Beliebtheit gewonnen hatten, bald auch auf dem europäischen Kontinent in Mode gekommen. Sie galten als zwanglose Zusammenkünfte, bei denen man auf die Förmlichkeiten, die sonst zu einem großen Abendessen gehörten, gern verzichtete: So gab es keine feste Sitzordnung, und die Speisen wurden nicht von Dienern aufgetragen, sondern standen auf kleinen Tischen bereit. Die Gastgeberin war sozusagen die Herrscherin über den Teekessel: Es war ihre Aufgabe, den Tee richtig zuzubereiten – nicht zu stark, aber auch

nicht zu dünn – und ihren Gästen einzuschenken; dazu bot sie ihnen Toast, feine Teekuchen und vielleicht auch noch besondere Kekse an. Gerade weil keine vorbereitete Speisenfolge serviert wurde, musste sie dabei sehr aufmerksam sein, hier Tee nachschenken, dort eine Kuchenplatte reichen und vielleicht auch einmal dem Gespräch eine Wendung geben, damit sich alle Gäste daran beteiligen konnten – bei einer gelungenen Tee-Gesellschaft sollten sich alle geladenen Damen wohlfühlen. Für die Osthaus-Kinder war »Tee-Gesellschaft« ein Spiel, das sie gern spielten: Das Hantieren mit dem summenden Teekessel machte ebensoviel Spaß wie die Unterhaltung unter feinen Damen… (siehe das Foto auf Seite 85).

Natürlich besaß Gertrud Osthaus auch für ihre Tee-Einladungen ein besonderes Geschirr: Die Königlich Sächsische Porzellanmanufaktur in Meißen hatte schon 1903 den »Alleskünstler« Henry van de Velde mit dem Entwurf für ein Tee-Service beauftragt und stellte es nach seinen Zeichnungen her. Van de Velde hatte sorgfältig studiert, wie ein Teegeschirr beschaffen sein musste. Seit dieses Getränk im 18. Jahrhundert aus China nach Europa gekommen war, hatten sich für Teekannen und -tassen besondere Formen ausgebildet: Im Unterschied zu den Kaffeekannen, die meistens schlank und hoch waren, bevorzugte man für die Teekannen flachere, weite Formen, in denen sich die Teeblätter gut ausbreiten konnten, nachdem man sie mit heißem Wasser aufgegossen hatte. Die Tassen waren ebenfalls niedrig und weit – so konnte sich der zarte Duft des Tees gut entfalten, und zugleich passten die verschiedenen Teile des Service harmonisch zueinander. Auch van de Velde hielt sich bei seinem Tee-Service an diese Tradition; er gab jedoch seinen Kannen und Tassen eine besondere Gestalt, indem er die Henkel nicht einfach außen ansetzte, sondern sie jeweils aus dem Gefäßkörper heraus formte. Seine Teetassen wirken wie kleine Skulpturen – Kunst für den Tisch!

Karl Ernst und Gertrud Osthaus haben ihr Heim mit besonders hohem künstlerischen Anspruch entwerfen lassen. Sie wollten einmal ein Haus bauen und einrichten, das die Möglichkeiten ihrer Zeit voll zur Geltung brachte. Sie ließen es außerdem gründlich fotografieren, um es in Zeitschriften, Büchern und Ausstellungen vorzuführen.

Alles auf den Fotos ist perfekt angeordnet. Eines der Fotos zeigt Korbmöbel von van de Velde vor einem großen Fenster des Wintergartens. An dem kleinen Tischchen hat sich scheinbar ein Rohr aus dem Geflecht gelöst und steht ab. Ein kaputtes Möbel auf diesen wichtigen Fotos? Das konnte ich kaum glauben. Ich vergrößerte also einen Scan des Fotos. Noch immer freue ich mich sehr über die Entdeckung, die ich dann gemacht habe. Bei starker Vergrößerung ist nämlich deutlich erkennbar, dass der Tisch nicht kaputt ist. Das scheinbar abstehende Peddigrohr ist in Wirklichkeit ein Stromkabel, das vom Tisch herabhängt. Man hat es offenbar mit Absicht auf dem Foto gezeigt! Aber warum?

Auf dem Tisch steht neben einer Teekanne noch ein zusätzlicher Kessel aus glänzendem Metall. Dieser Kessel ist ein elektrischer Wasserkocher. Ich kenne solche Kessel schon lange aus einigen Museen, wo sie heute als frühe Design-Objekte ausgestellt sind. Der elektrische Wasserkocher wurde von Peter Behrens für die AEG entworfen. Die 1887 gegründete »Allgemeine Electricitäts Gesellschaft« (AEG) war eines der bedeutendsten deutschen Elektrounternehmen. Sie besaß das Patent für die in den USA erfundenen Glühlampen. 1907 bestimmte sie Peter Behrens zu ihrem künstlerischen Berater: Er entwarf ihr Firmen-Logo, das Design zahlreicher Produkte und sogar ihre Turbinenhalle.

Der Hohenhof war vollständig elektrifiziert, also mit Strom ausgestattet, was für Privathäuser noch etwas ganz Neues war. Viele Menschen wohnten in Häusern, in denen es keinen Strom gab. Man beleuchtete die Räume zum Beispiel mit Petroleum oder Gas.

Kannst du Dir vorstellen, wie die weißen Wände im Hohenhof bald ausgesehen hätten, wenn dort ständig offene Flammen zur Beleuchtung

benötigt worden wären? Das hätte nicht nur für schlechte Luft gesorgt, sondern auch für viel Ruß, der sich auf allen Dingen im Raum abgesetzt und vor allem die Wände im Laufe der Zeit mit einem Grauschleier überzogen hätte. So schöne helle Räume waren erst möglich, als man Strom zur Beleuchtung nutzen konnte. Vorher waren Häuser meist mit dunklen Holzvertäfelungen, dunklen Möbeln und dunklen Textilien aus schweren Stoffen eingerichtet. Darauf sah man den Ruß nicht so schnell. Die modernen Architekten und Bewohner waren stolz auf die Beleuchtung mit Strom. Die Einrichtungen wurden viel heller gestaltet, und Glühlampen wurden als Zeichen für die enormen Leistungen von Technik und Wissenschaft gern in die Gestaltung von Leuchten einbezogen.
Heute verstecken wir das Leuchtmittel oft hinter Lampenschirmen. Die Glühbirne wird immer seltener, weil es neue Erfindungen für die Beleuchtung von Räumen gibt, die weniger Energie, also Strom, verbrauchen. Wie vor hundert Jahren ist es also aufregend zu beobachten, wie sich die Leuchten und Lampenformen in unserer Zeit verändern werden.

In den Kreisen, in denen Gertrud Osthaus aufgewachsen war, trugen die Frauen lange, hochgeschlossene Kleider, die oft üppig mit Falten, Rüschen und Spitzen besetzt waren; ein Korsett oder Schnürmieder, das sie darunter trugen, betonte ihre schmale Taille. Gertrud Osthaus wollte nicht nur in lichteren Räumen wohnen, sondern auch helle, weiche Stoffe und bequemere Kleider tragen, als es bei ihren Eltern üblich gewesen war.
Grundsätzlich war dies keine neue Idee: Schon seit längerem hatten sich Ärzte, einige Politiker und auch ein paar engagierte Damen dafür eingesetzt, dass Frauen auf das Korsett verzichten und statt dessen eine Kleidung tragen sollten, die ihnen größere Bewegungsfreiheit gab. Diese Kleidung war aber leider oft gar nicht schön – und den meisten Frauen gefielen die sackartigen Gewänder, die ihnen da vorgeschlagen wurden, noch weniger als die komplizierten Kleider und Schnürmieder, die sie sonst trugen.

Sie konnten an den »Reformkleidern« – so nannte man die weich fallenden Gewänder, die kein Schnürmieder darunter brauchten – erst Gefallen finden, als Künstler begannen, sie mit derselben Aufmerksamkeit und Sorgfalt zu gestalten wie eine Skulptur, ein Möbelstück, eine Silberschale oder ein Tee-Service. Henry van de Velde, Peter Behrens und andere »Alleskünstler« nahmen sich natürlich auch dieser Aufgabe an. Die Kleider, die sie entwarfen, waren meistens aus feinen, fließenden Stoffen gemacht und mit Stickereien geschmückt; sie wurden besonders zu Tee- oder Abendgesellschaften getragen (Seite 30). Daneben entwarfen die Künstler Muster, die auf Baumwollstoffe gedruckt oder in Seiden eingewebt werden konnten. Die hellen Kleider mit dem Blattranken-Muster, die Gertrud Osthaus und ihre Töchter im Sommer trugen, sind aus solchen Stoffen gemacht.

Passend zu den neuen Kleidern entwarf Henry van de Velde auch Schmuckstücke: Gürtelschließen, Ketten und vor allem Broschen, die man an ein Kleid oder einen Schal stecken konnte. Sie zeigen die gleichen weich geschwungenen Formen, die wir auch sonst von seinen Entwürfen kennen. Die hier abgebildete Gürtelschließe wurde von Gertrud Osthaus getragen und gehört heute dem Osthaus Museum in Hagen.

Die Krefelder Seidenweberei Deuss & Oetker beauftragte Henry van de Velde mit Entwürfen für neue Stoffe, die sie »Künstlerseiden« nannte. Dieses Muster wurde in verschiedenen Farbvarianten produziert.

Im ersten Stockwerk lagen die Privaträume der Familie Osthaus. Die drei Jungen Eberhard, Waldemar und Manfred sowie die beiden Mädchen Helga und Imogen verfügten jeweils über ein gemeinsames Schlafzimmer. Van de Velde entwarf auch hierfür die Möbel, die jedoch nicht erhalten sind. Schade, dass auch keine Fotos von den beiden Kinderzimmern existieren. Ich hätte gern genauer gewusst, wie sie eingerichtet waren.
Neben den Mädchen und Jungen wohnte das Kinderfräulein, jedenfalls solange die Kinder klein waren. Später diente dieser Raum als Gästezimmer. Spielen konnten Helga, Imogen, Eberhard, Manfred und Waldemar in dem großen Kinderzimmer im Erdgeschoss (manchmal wurde es auch als zweites Speisezimmer genutzt), das sogar eine Bühne hatte, und natürlich im Garten. Außerdem hatten sie ein eigenes Badezimmer. Nicht schlecht, oder?
Besonders gemütlich war der große Raum im ersten Stock, den man von der Treppe als erstes betritt. Original ist heute nur noch der Kamin aus kostbarem

Mahagoni-Holz und noblem Fliesenbelag. Um die ehemalige Ausstattung und Funktion dieses Zimmers zu rekonstruieren, habe ich nicht nur alle Details auf diesem alten Foto sorgfältig untersucht. Ich musste auch viele historische Rechnungen, Briefe und Manuskripte durchsehen, um an weitere Informationen zu gelangen.
Osthaus wollte einen Wohnraum mit, wie er schrieb, »angenehmen Plauderecken«. Die Muster und Farben der stoffreichen Vorhänge und der Bezug der »Chaiselongue« (dieses französische Wort bedeutet »langer Sessel«, meint also eine Art Sofa) wurden sorgfältig ausgewählt. Ich weiß jetzt auch, dass der Maler Christian Rohlfs das Bild neben dem Kamin selbst gestickt hat. Und dann hat man vor vielen Jahren noch Stoffreste von der originalen Wandbespannung gefunden! So konnten wenigstens die Wände mit dem Muster javanischer Batiken nachgestaltet werden. Die Wandbespannung bezeugt das große Interesse der Osthaus' an der Weltkunst.
Heute sind in diesen Räumen Dokumente, Kunstwerke und andere Dinge ausgestellt.

Es war damals immer noch etwas Besonderes, fotografiert zu werden. Meistens stellte man sich in seiner besten Kleidung in Positur. Es war ein bisschen wie Theaterspielen. Auch diese alten Aufnahmen sind keine Schnappschüsse von den Osthaus-Kindern beim Spielen, sondern gestellte Fotos. Sie zeigen, wie Mädchen und Jungen damals sein sollten: Helga und Imogen (die später Ärztin wurde) als zukünftige Damen bei der Teezeremonie sowie Eberhard, Manfred und Waldemar mit ernster Miene beim freundschaftlichen Schachspiel.

Das Schlafzimmer im Hohenhof ist ein besonders schöner Raum. Es zeigt, wie sorgfältig van de Velde sich die Anlage der Zimmer überlegt hat. Eingerichtet ist der Raum mit einem Doppelbett, je einem Nachtschränkchen zu beiden Seiten des Bettes, einem großen Kleiderschrank gegenüber, einer Kommode und einem großen Frisiertisch. Fast so, wie Schlafzimmer bis heute eingerichtet werden. Aber der Frisiertisch von Frau Osthaus ist etwas Besonderes. Schon seine Position vor dem großen halbrunden Fenster an der Südostecke des Zimmers, wo der Tisch von morgens bis zum späten Nachmittag im Sonnenlicht steht, muss für Frau Osthaus sehr angenehm gewesen sein. Wenn sie zum Beispiel morgens aufgestanden war, hatte sie

das volle Tageslicht von links. Über den Tag wanderte das Licht zur rechten Seite (von Osten nach Süden und Westen), so dass sie den ganzen Tag perfekte Lichtverhältnisse hatte. Die Sonne blendete Gertrud Osthaus an ihrem Frisiertisch nicht, denn sie blickte nicht in das Sonnenlicht, sondern durch den Spiegel in den hinter ihr liegenden Raum. Da das gespiegelte Zimmer dunkler ist als das Fenster, vor dem der Frisiertisch steht, wurden ihre Augen geschont. Wenn die Hausherrin von diesem Platz nach draußen schaute, blickte sie über ein Tal hinweg auf bewaldete Hügel und eine herrliche Landschaft.

Auf der anderen Seite des Raumes gibt es – wie bei allen Schlafzimmern im Hohenhof – ein so genanntes Luftbad, also einen Balkon. Hier konnte Gertrud Osthaus, hinter einem Mauervorsprung verborgen, Gymnastik an der frischen Luft machen oder einfach ein Luftbad nehmen.

Das angrenzende Badezimmer war für ein Haus von der Größe des Hohenhofes fast etwas zu klein. Es war aber mit sehr eleganten Fliesen und Sanitär-Objekten (so nennt man Badewanne und Waschbecken) ausgestattet. Sie mussten extra aus den Vereinigten Staaten von Amerika importiert werden, da man so etwas in Europa außer in England noch nirgendwo herstellen konnte. Die neuartige Keramik mit ihrer besonders dicken Glasur nannte man auch Feuerton, sie galt als besonders haltbar und hygienisch.

Der Hohenhof lag nahe der Stadt und war zugleich verbunden mit der freien Natur. Der von Henry van de Velde entworfene große Garten umfasste Wiesen und Wald ebenso wie einen Nutzgarten mit Gemüse und Obst. Zu dem vorbildlichen Landhaus gehörte außerdem ein kunstvoll gestalteter Garten mitsamt Terrassen. So bildeten der Hohenhof und das Gartengelände fast gleichwertige Teile. Für Karl Ernst und Gertrud Osthaus war das Leben in der Natur und an der frischen Luft sehr wichtig. Sie wollten, wie Frau Osthaus 1907 schrieb, »in der schönen Freiheit wohnen«. Kunstvolle Gärten erfreuen die Menschen seit Jahrtausenden. Hier kann man die Schönheiten von Natur und Kunst genießen, Körper und Seele erholen, mit Freunden Zeit verbringen, spielen, träumen oder nachdenken.

Die Osthaus' ließen eine große Terrassenanlage als »Vermittlerin« zwischen Haus und Garten errichten. Von der Ebene des Südgartens, auf der damals eine Skulptur von Aristide Maillol aufgestellt war, führt eine Treppe in einen tiefer angelegten Garten. Er ist an drei Seiten von Arkaden (überdachten, nach einer Seite offenen Gängen) umgeben. In der Mitte des Gartenhofes steht ein Springbrunnen aus Marmor nach einem Entwurf von van de Velde. Ich kenne aus der Geschichte der Kunst einige versenkte Lustgärten und Brunnenhöfe. Ein grandioses Beispiel ist der nach 1377 erbaute »Patio de los leones« mit dem Löwenbrunnen in der Alhambra. Die Osthaus' hatten diese Palastanlage 1907 besucht, also während der Bauzeit des Hohenhofes.

Unter einer der Arkaden standen Ruheliegen. Hier siehst du im Hintergrund zwei der Osthaus'-Söhne. Hinter ihnen befand sich eine Kegelbahn. Von der Decke hängt ein chinesischer Lampion, die Figur auf dem hohen Sockel stammt von Georges Minne. Weiterhin gab es in den Arkaden ein kleines Karussell. Und am Waldrand verfügten die Kinder auch noch über einen großen Spielplatz mit Turngeräten.

EIN NEUES HAUS FÜR DEN ABSCHIED VON DEN TOTEN

Seit Jahrtausenden haben Menschen in allen Kulturen und Religionen nach der Bedeutung von Sterben und Tod gefragt. Gibt es ein Leben nach dem Tod? Findet ein solches Leben in einer anderen Welt, einem Jenseits, statt? Oder werden Menschen auf dieser Erde wiedergeboren? In welchem Verhältnis stehen Körper und Seele zueinander? Wenn es eine Auferstehung gibt, stehen dann auch die Körper wieder auf? Und viele andere Fragen. Die verschiedenen Religionen, Kirchen und Kulturen geben unterschiedliche Antworten auf diese Fragen. Daher sehen auch Begräbnisfeiern und Friedhöfe immer wieder anders aus.

Im christlichen Europa lagen die Friedhöfe bis in die Jahre um 1800 immer direkt bei den Kirchen, also mitten in den Städten und Dörfern. Das änderte sich im 19. Jahrhundert, und man legte Friedhöfe außerhalb der Städte an: so auch in Hagen-Delstern. Zunehmend fand man die Grabstätten mitten in den Städten unhygienisch. Und für die vielen Menschen, die während der Industrialisierung in die Städte des Ruhrgebiets zogen, waren diese Friedhöfe ohnehin zu klein geworden.

Zur Zeit von Karl Ernst Osthaus gab es große Auseinandersetzungen darüber, wie man sich bestatten lassen wollte. Die einen wollten an den Traditionen festhalten. Die anderen erklärten, es sei moderner, wenn man die Leichen nicht in einem Erdgrab beisetzen, sondern einäschern ließe. Du kannst dir sicherlich denken, zu welcher Gruppe Osthaus gehörte. Natürlich nahm er an den Diskussionen teil. Und wie immer redete er nicht nur. Stattdessen bat er Peter Behrens, ein »Krematorium« auf dem Friedhof in Hagen-Delstern zu bauen. Im Untergeschoss dieses Gebäudes konnten diejenigen, die in ihrem Testament eine »Feuerbestattung« verfügt hatten, verbrannt werden. Doch das ist von außen unsichtbar, und man sollte es eigentlich gar nicht sehen. Der hochaufragende Turm, der an einen Kirchturm erinnert, ist der Schornstein. Peter Behrens ist es hier gelungen, ihn als Zeichen der modernen Technik und zugleich als traditionsreiches Zeichen eines ehrwürdigen Bauwerks zu gestalten. Die Zeitgenossen hat das sehr beeindruckt.

Der wichtigste Teil des Gebäudes ist die »Trauerhalle« oder »Feierhalle«. Sie sollte für alle Menschen als ein würdiger Ort für den Abschied von einem Verstorbenen dienen – nicht nur für die Mitglieder entweder der evangelischen oder der katholischen Kirche, sondern auch für Menschen, die sich »Freidenker« nannten und nicht dem christlichen Glauben anhingen. Bis heute wird dieser Raum so genutzt, inzwischen auch von Moslems, die zur Zeit von Osthaus noch nicht in Hagen lebten. Die jüdische Gemeinde besitzt in Hagen einen eigenen Friedhof und deshalb auch einen eigenen Trauerort.

Geplant und erbaut wurde das Krematorium in Hagen in den Jahren 1905–1907. Für Karl Ernst Osthaus war es nicht nur ein wichtiges Bauwerk für Hagen, sondern – wie er schreibt – »eines der wichtigsten Monumente unserer Zeit überhaupt«. Deshalb schickten er und Peter Behrens auch Pläne und Fotografien von dem Bauwerk sowie das Modell auf verschiedene Ausstellungen. Hier abgebildet sind zwei Fotos aus der Fotosammlung von Osthaus: eines zeigt das Bauwerk in Hagen, das andere das Modell.

Mit einem sorgfältigen Entwurf und mit kostbaren Materialien schafft das Krematorium von Peter Behrens einen würdigen Ort für Trauer und Abschied. Ich fahre gerne dorthin, sitze in diesem Raum und freue mich immer wieder an seiner gelungenen Gestaltung. Im Innenraum erstrahlt das Mosaik vorne in der Apsis, dem halbrunden Abschluss des Raumes. Sein Entwurf stammt von Emil Rudolf Weiss. Osthaus schrieb über dieses Mosaik: »aus farbigen Glasstiften und Glasstiften mit eingeschmolzener Goldschicht hergestellt..., zeigt es drei knieende Jünglinge, einen segnenden zwischen einem erwachenden und einem entschlafenden, Sinnbilder des Werdens und Vergehens.« Der Schriftzug zitiert Goethe: »Alles Vergängliche ist nur ein Gleichnis«.
Ich finde das sehr beeindruckend! Osthaus und seine Mitstreiter versuchten einen Raum zu gestalten, der allen Menschen dienen konnte. Sie durften also nicht wie in einer christlichen Kirche ein Bild des auferstandenen Jesus zeigen. Stattdessen suchten sie nach Verkörperungen des Lebenskreislaufes mit Sterben und Auferstehung, die nicht aus einer bestimmten Religion stammten: deshalb also die drei Jünglinge: sterbend (entschlafend), auferstehend (erwachend) und segnend als Trost für die Betrachter. Die Vergänglichkeit, das Sterben also, sei nicht das absolute Ende – sagt die Inschrift. In

einem solchen Raum können Menschen verschiedener Kirchen und Religionen oder aber Freidenker ihre Trauerfeiern abhalten – und tun das seit damals und auch weiterhin.

Zur Stimmung in diesem Raum trägt insgesamt die Beleuchtung bei. Die Fenster sind nicht mit Glas gefüllt, sondern mit sehr dünn geschliffenem Alabaster, also Stein. Man kann die Maserungen dieses Steines erkennen, und er gibt dieses wunderbare Licht. Übrigens hat Peter Behrens auch die Stühle entworfen.

Unter dem Mosaik befindet sich der »Katafalk«, wie man diesen Aufbau nennt, in dem der Sarg bei einer Trauerfeier seinen Platz findet. Bei einer Erdbestattung wird der Sarg nach der Feier hinaus und zum Grab getragen. Bei einer Feuerbestattung kann der Katafalk abgesenkt werden. Der Sarg fährt dann wie mit einem Aufzug in den Keller, wo sich der Einäscherungsofen befindet: ein technisches und künstlerisches Meisterwerk. Ursprünglich sollte an das Gebäude noch ein weiterer Flügel mit einem »Kolumbarium«, einer Wand für die Urnen, angebaut werden. Doch kam es dazu zu Lebzeiten von Osthaus nicht mehr.

Emil Rudolf Weiss (1875–1942) wohnte auf Einladung von Karl Ernst Osthaus zwischen 1903 und 1906 in Hagen. In diesen Jahren sollte er – wie Christian Rohlfs – an der Malschule im Folkwang Museum unterrichten. Er schuf Gemälde und ein Wandbild für das Museum. Er fertigte Entwürfe für Glasfenster und vor allem das Mosaik im Krematorium. Am berühmtesten aber ist er für seine Buchkunst. Er entwarf Buchstaben und Schriften und gestaltete zahlreiche Bücher.

Eine besondere Bedeutung für das Krematorium haben die Ornamente. Osthaus und seine Zeitgenossen sahen in ihnen einen Ausdruck der Unendlichkeit. Deshalb waren sie gerade bei dem Haus für den Abschied von den Toten so wichtig! Auch hier wurde deutlich gezeigt, dass mit dem Tod die Endlichkeit des Lebens überwunden wird. Aber wieso haben die Ornamente diese Bedeutung? Du kannst es selbst sehen, wenn du genau schaust. Nie sind die vielen verschiedenen Ornamentfelder oder Streifen und Bänder so gestaltet, dass es einen Schluss des Musters gibt: Immer könnte es genau so noch viel weiter gehen. Es sieht so aus, als sei nur ein kleiner Ausschnitt aus einer unendlichen Struktur vorhanden. Das hatte man vor allem von orientalischen Teppichen gelernt.

Auf den historischen Fotos sieht man, dass auch der Außenbau zunächst mit Ornamenten gestaltet war. Der Fries mit den Rechtecken auf der Vorderseite könnte genauso unendlich weitergehen wie das Band mit den Kreisen, das an den Seiten durch die Fenster gebildet wird.

Heute sieht das Krematorium außen nicht mehr so aus. Das ist fast ein wenig schade. Und ich habe gut verstanden, dass man vor einigen Jahren die Ornamente wieder anbringen wollte. Die Außenseite war mit kostbaren weißen Platten aus Marmor, der in den berühmten Steinbrüchen im italienischen Carrara gebrochen worden war, und Streifen aus schwarz-grünem belgischen Granit verkleidet. Doch außen hielten diese Platten nicht und mussten schon 1911 abgenommen werden. Bei einer genauen Bauuntersuchung fand man um 1980 aber heraus, dass die Entscheidung für den Putz, der heute das Aussehen des Krematoriums bestimmt, ebenfalls von Peter Behrens getroffen worden war. Er hat also nur wenige Jahre nach der ersten Fertigstellung des Baus dessen Aussehen noch einmal überarbeitet. Und damit ist auch dieser verputzte Bau ein Original des Künstlers.

Die Denkmalpflege befolgt überall auf der Welt eine wichtige Regel: Man erhält an Denkmalen möglichst alles, was original ist. Was man hinzu fügt, muss man auch wieder entfernen können. Man muss die Ergänzungen mit einem geschulten Auge von den originalen Teilen unterscheiden können. Zu den Regeln zählt weiter, dass man einem Bauwerk (oder einem Kunstwerk) ruhig ansehen darf, dass es alt ist. Ein Gebäude, dass aus einer anderen Zeit überliefert ist, soll gar nicht aussehen, als sei es ganz neu. Es soll vielmehr zeigen, dass es eine Geschichte hat.
Diese Regeln sind in den Jahren um 1900 entwickelt worden. Denkmalpflege galt damals als modern – und ist es auch noch heute. Wundert es dich, dass Karl Ernst Osthaus sich auch für die Denkmalpflege eingesetzt hat?

TANZ, KÖRPER, SKULPTUREN

Um 1900 geschah in der Theaterwelt etwas Revolutionäres: Einige Künstler wollten nicht mehr nach den strengen Regeln des klassischen Balletts tanzen. Sie befreiten sich von den engen Kostümen und den Schuhen für den Spitzentanz und traten nun oftmals barfuß und in lose fallender Kleidung auf. Ihre natürlichen Bewegungsformen und expressiven Tanzposen sollten die Musik sichtbar machen und Gefühle und Erlebnisse zum Ausdruck bringen. Der moderne Ausdruckstanz war erfunden (im www.kindernetz.de findest du unter dem Suchbegriff »Ausdruckstanz« mehr dazu).

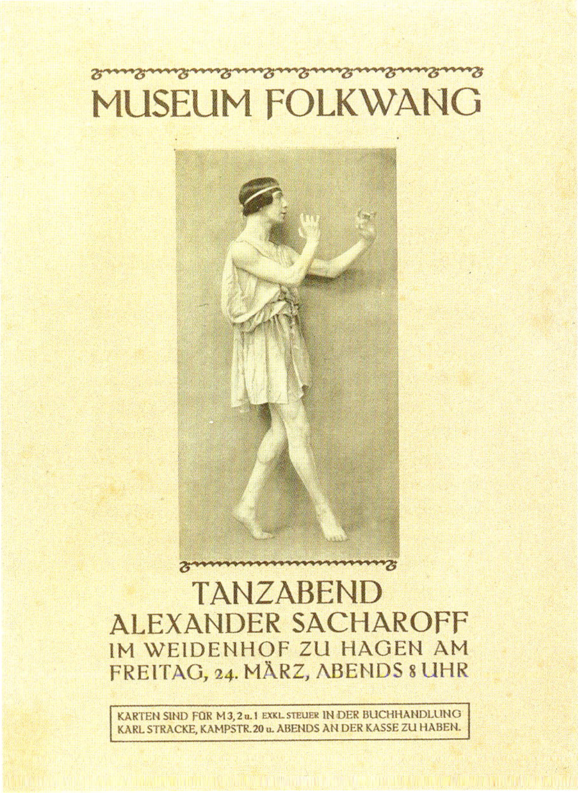

Zu den weltberühmten Künstlern gehörten Isadora Duncan (1878–1927) und als erster moderner Tänzer Alexander Sacharoff (1886–1963). Der russische Künstler studierte Malerei in Paris und dann einige Jahre klassisches Ballett in München. Außerdem nahm er Akrobatikunterricht in einem Zirkus. Karl Ernst Osthaus war von Sacharoff begeistert. Für ihn war der Ausdruckstanz »lebendige Skulptur«. Und er bewunderte wie Sacharoff die Zirkusartisten, deren Kunst viele ihrer Wurzeln im Orient hatte.

Tanz und Theater sind eine besondere Art von Kunst, denn man muss »live« dabei sein und die Aufführung mit eigenen Augen, Ohren und Gefühlen erleben. Nur in dem jeweiligen Moment existiert eine Aufführung vollständig. Die Erforschung von Tanz und Theater ist daher nicht einfach. Das Tanzarchiv in Köln hat zu Alexander Sacharoff reiches Quellenmaterial gesammelt. Dort habe ich Bilder, Fotos und Texte von ihm sowie Plakate, Programme und Kritiken von seinen Auftritten durchgesehen. Filme gibt es leider nur ganz wenige. Mich interessierten besonders Sacharoffs fantasievolle Kostüme und Bühnenbilder, die er häufig selbst erfand. Hier meine Forschungsergebnisse:

Alexander Sacharoff betrachtete die ganze Welt mit den Augen eines Tänzers. Er drückte Freude, Liebe, Hass und Trauer oder Schmerz, Angst und Neugier mit seinem ganzen Körper aus. Für ihn war der Körper ein künstlerisches Instrument wie das Wort, der Klang und die Farbe. Sacharoff arbeitete mit modernen Malern und Musikern zusammen. Er ließ sich aber auch von alten Kunstwerken und Musikstücken anregen und erweckte Bilder zum Leben. Er tanzte Bilder.

Mit seinem trainierten, ausgebildeten Körper vermochte Sacharoff, einen Schwertkampf mit hohen und weiten Sprüngen zu tanzen, ernst und kraftvoll zu schreiten oder sich grotesk zu verrenken. Im nächsten Moment bewegte sich der Tänzer fast schwebend, zart und elegant. Er konnte zugleich männlich und weiblich sein. Das verwirrte damals manche Zuschauer.
Das Museum Folkwang lud Sacharoff zwischen 1911 und 1913 zu drei Gastspielen nach Hagen ein. 1913 gab der Tänzer außerdem eine Privatvorstellung im Garten vom Hohenhof. Das Programm von 1911 zeigt ihn in einem leichten »griechischen Kostüm«. Sacharoff hatte seine muskulösen Beine und Arme weiß gepudert, um antiken Marmorstatuen zu gleichen. In der kleineren Abbildung siehst du den Künstler in einem schweren, prächtigen Gewand, in dem er völlig anders tanzte.

Alexander Sacharoff schrieb über den Ausdruckstanz: »Der Tänzer wirkt durch seinen Körper und dessen Bewegungen ebenso wie der Maler durch Farben und Linien.« Oder aber wie der Bildhauer durch die Formen im Stein. Das Material des Tänzers sind zuerst die »Zweckbewegungen« wie das Laufen, Tragen, Greifen und andere Alltagsbewegungen. Die »Ausdrucksbewegungen« machen dann die Empfindungen der Seele sichtbar. Aus beiden formt der Tänzer seine Kunst. Die Bewegungen des Gesichtes nennt man Mimik, die Bewegungen der Arme und Hände Gestik oder Gebärden. Es ist eine Sprache ohne Worte, die fast jeder versteht. Allerdings gibt es in den verschiedenen Ländern auch Unterschiede. Wenn du sie nicht kennst, kannst du ganz schön in Schwierigkeiten kommen.

Fast überall auf der Welt wurde und wird aus Freude und zum Vergnügen getanzt: allein, in Gruppen oder zu zweit. Früher kannte man außerdem viel mehr religiöse und festliche oder kriegerische Tänze. Die Bildhauerin Milly Steger schuf 1919 eine Statue, die davon erzählt. Osthaus kaufte 1920 die erste Version von »Jephtas Tochter« für das Museum Folkwang. Sie wurde im Krieg zerstört. Zum Glück existierte eine zweite Figur in einer Privatsammlung. Das Museum konnte sie vor einigen Jahren durch viele private Spenden für den Hohenhof erwerben. Zum Kunstwerk gehört eine traurige, ich finde furchtbare, Geschichte aus dem Alten Testament

(Buch Richter 11, 29–40): Der Feldherr Jephta bittet Gott, ihm und seinem Volk den Sieg über die Feinde zu schenken. Und er schwört, Gott dasjenige zu opfern, das ihm als erstes aus seiner Tür entgegen treten werde. Zu Jephtas großem Entsetzen kommt ihm sein einziges Kind tanzend entgegen. Jephtas Tochter willigt in den Opfertod ein. Sie bittet nur um zwei Monate Zeit, um in den Bergen mit ihren Freundinnen den Verlust ihrer Jugend zu beweinen.

Die 148 Zentimeter große Bronzeskulptur zeigt nicht den Freudentanz des Mädchens bei der Rückkehr des Vaters. Das zierliche Mädchen ist vielmehr versunken in seinen Tanz. Die Augen sind geschlossen, sie scheint in einer anderen Welt zu sein. Vielleicht nimmt Jephtas Tochter so Abschied vom Leben. Aber was sieht man, wenn man nichts über die Skulptur weiß? Zunächst einmal lädt sie zum Hinschauen und Herumgehen ein. Wenn man dann die Körpersprache der Figur aufmerksam studiert, kommt man fast zum gleichen Ergebnis. Die Tänzerin macht keine großen, in den Raum greifenden Bewegungen. Sie nimmt niemanden außer sich selbst wahr – ob sie nun Jephtas Tochter ist oder nicht. Die Statue erinnert an den modernen Ausdruckstanz. Allerdings traten die Tänzer und Tänzerinnen damals nie gänzlich nackt auf. Auch Milly Steger hat keine wirkliche, entkleidete Person dargestellt. Sie hat das Idealbild eines tanzenden Mädchens voll von Trauer gestaltet.

Du fragst dich vielleicht, warum man am Beginn des 20. Jahrhunderts so viele nackte Figuren geschaffen hat. Eine Antwort ist sicher, dass damals viele Künstler und Kunstliebhaber die Antike verehrten. Die meisten antiken Statuen, die vor mehr als 2000 Jahren entstanden, zeigen die Figuren nackt oder fast unbekleidet. Kunsthistoriker nennen ein solches Bildwerk »Akt«.
Die Bildhauer und Maler mussten den menschlichen Körper sehr genau kennen. Deshalb zeichneten sie in der Akademieausbildung und später in ihrem Atelier wieder und wieder unbekleidete Personen, die ihnen Modell standen oder saßen. Viele Künstler beobachteten auch die Leute auf der Straße, bei der Arbeit, im Theater und so fort und skizzierten sie. Trotzdem unterscheiden sich die meisten Bilder und Skulpturen von Fotos, weil die Künstler ihren Figuren immer wieder einen ganz bestimmten Ausdruck geben wollten.

Aber das kann ja nicht die einzige Antwort sein! Deshalb habe ich noch einmal Bücher über die technischen Erfindungen, die Stadtgeschichte, die Medizin, die Kleidung und vieles andere gelesen. Tatsächlich spielte der Körper vor rund 100 Jahren eine sehr große Rolle. Die Elektrizität, die Maschinen in den Fabriken und die neuen Verkehrsmittel veränderten den Alltag radikal. Das Tempo wurde immer schneller, und das Leben in den neuen Großstädten war häufig ungesund. Das hatte natürlich Folgen für den Umgang mit dem Körper. Für viele Menschen wurden Natur und Natürlichkeit wichtig. Man sprach von Freikörperkultur. Osthaus und andere Reformer wollten die Seele und den Körper aus den Zwängen befreien.

Kannst du dir vorstellen, dass allein das Korsett, die Unterhemden und Unterröcke vieler »Damen von Welt« 5 Pfund wogen? Und dann die schweren Schleppenkleider mit der »Straßenkehrmaschine Rock« (so nannte ein Reformer diese Kleidung; mehr zur Mode Seite 82–83)! Nun propagierte man Reformkleidung, Tanz und Gymnastik als Wege zu Gesundheit und Körperschönheit. An den Körper sollten möglichst viel Luft und Sonne kommen, denn: »Die Natur kennt keine Kleider.« Sport wurde modern, besonders Radfahren, Wandern und Skifahren. Erinnerst du dich an die Sportlerin im Bahnhofsfenster? Damals gründete man zudem die ersten deutschen Turn- und Fußballvereine und »erfand« den Schulsportunterricht für Mädchen wie Jungen.
Und natürlich brauchte man dann auch andere Häuser. Überlege noch einmal, was Henry van de Velde beim Hohenhof alles bedacht hat.

Bevor eine Skulptur aus Stein, Holz oder Bronze entstand, fertigten die Bildhauer zunächst Zeichnungen und oft auch ein Modell aus Gips an. Diese 77 Zentimeter große Halbfigur aus Gips, die Milly Steger zusätzlich bemalte, gehört dem Osthaus Museum. Ihre Gestik greift wohl eine damals übliche Tanzpose auf. Was »sagen« dir ihre Haltung und ihr Gesichtsausdruck? Manchmal verstehe ich die Körpersprache einer Figur besser, indem ich sie nachmache. Einige Skulpturen kannst du auch gut gemeinsam mit Freunden untersuchen. Stellt euch so auf, dass ihr das Kunstwerk von verschiedenen Seiten studieren könnt, und beschreibt euch gegenseitig, was ihr seht. Dann wechselt die Betrachterpositionen. Kommt ihr zu ähnlichen Ergebnissen? Wenn nicht, versucht herauszufinden, warum das so ist.

MILLY STEGER

Die Künstlerin Milly Steger spielte in Hagen eine wichtige Rolle. Ich habe deshalb möglichst viele Informationen über sie zusammengetragen. Das war nicht so einfach, auch weil im Zweiten Weltkrieg ihre Wohnung und ihre Werkstatt in Berlin völlig zerstört wurden. Aber je mehr Bücher ich über das Leben von Frauen um 1900 lese, desto deutlicher wird mir: Milly Steger war jemand Besonderes.

Milly Steger mit etwa 40 Jahren, als sie nach Berlin zurückgekehrt war.

Die ältere Künstlerin in ihrer Berliner Werkstatt mit einem Gipsmodell.

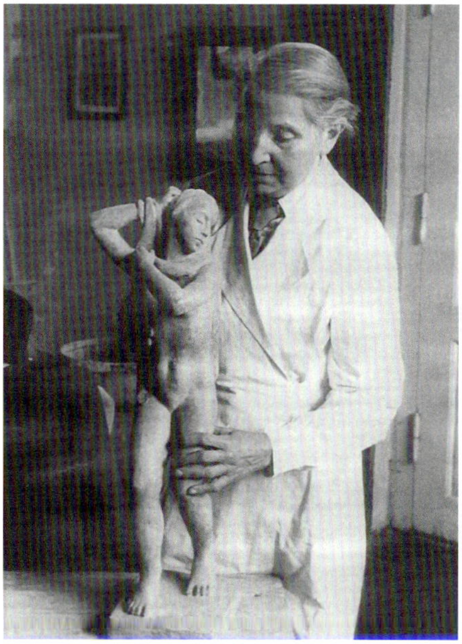

Die Bildhauerin wurde 1881, vor etwa 130 Jahren, als Tochter eines Richters geboren. Zunächst lief alles, wie es sollte. Nach ihrer Schulzeit in Elberfeld schickten die Eltern Milly für einige Zeit nach London in ein Pensionat.
Das war eine Art Internat für Töchter aus noblen und reichen Familien. Die Mädchen wurden dort nicht nur in Englisch unterrichtet. Sie erhielten auch Anstandsunterricht, in dem sie vornehmes Auftreten und Verhalten immer weiter einübten.
Milly sollte also lernen, wie man sich als Dame der »besseren Gesellschaft« rundum richtig benimmt. Außerdem nahm sie in London Zeichenunterricht an einer Kunstschule für Frauen. Das war erst einmal nichts Außergewöhnliches. Damals gehörte das Zeichnen wie das Klavierspielen und Tanzen zur Erziehung einer zukünftigen Ehefrau und Mutter aus »gutem Hause«. Auch im Hohenhof gab es ein Musik-Zimmer, nämlich den Salon.

Nach ihrer Rückkehr wollte Milly Steger allerdings nicht heiraten. Sie hatte sich in den Kopf gesetzt, Bildhauerin zu werden: Sie wollte Figuren aus Stein, Holz und Bronze gestalten. Man nennt ein solches Kunstwerk Skulptur oder Plastik. Millys Vater war zunächst strikt dagegen. Töchter aus »besseren« Familien hatten keinen Beruf und schon gar keinen Männerberuf, für den man Körperkraft benötigt! Doch Milly setzte sich schließlich mit Hilfe ihrer Mutter durch.
Heute ist es vielleicht einfacher, eine Künstlerin zu sein und zugleich Familie zu haben. Milly Steger musste sich damals entscheiden: entweder heiraten oder aber sich ganz der Kunst widmen. Außerdem durften Frauen erst seit 1919 an einer Kunstakademie studieren. Deshalb ging die zwanzigjährige Milly 1901 für vier Jahre zu einem Bildhauer in Düsseldorf in die Lehre.

Vor hundert Jahren gab es zwar einige Malerinnen, aber nur sehr wenige Bildhauerinnen. Die meisten Leute dachten, dass eigentlich nur Männer hohe Kunst schaffen können. Ich habe zwei alte Fotos von Milly Steger gefunden. Vielleicht sah sie schon als jüngere Frau in Hagen so ähnlich aus. In jedem Fall hat sie im Atelier wie viele Künstler einen Bildhauerkittel angezogen. Auch Gertrud Osthaus kleidete sich deutlich anders als viele Frauen ihrer Zeit und fiel dadurch auf. Sieh dir noch einmal die Fotos von ihr an. Und Milly Steger? Wie sollten andere Menschen sie sehen? Welches Image als Künstlerin gab sie sich?

Nach ihrer Ausbildung reiste Milly Steger nach Italien und Frankreich, um dort die Kunst der alten Meister und neue Skulpturen kennen zu lernen. Ich habe einige Werke von modernen Bildhauern mit ihren Figuren verglichen. Milly Steger ließ sich immer wieder von anderen Künstlern anregen. Am Anfang war vor allem Georges Minne ihr Vorbild, den sie in Belgien besuchte. Du hast sicher schon gemerkt, dass der Körper damals ein sehr wichtiges Thema war. Die Bildhauer interessieren sich schon seit Jahrtausenden für eine Sprache ohne Worte.

Untersuche die Skulpturen des »Knabenbrunnen« von Georges Minne im Osthaus Museum (Seite 47) und die Halbfigur von Milly Steger (Seite 103). Welche Formensprache und künstlerischen Mittel wählten die beiden Bildhauer? Siehst du Ähnlichkeiten oder Unterschiede? Notiere die Ergebnisse deines kunsthistorischen Vergleichs.

Zunächst lebte Milly Steger in Berlin. Nachdem Karl Ernst Osthaus sie eingeladen hatte, zog die Künstlerin 1911 nach Hagen um. Wahrscheinlich war sie sogar Stadtbildhauerin! Sie erhielt Aufträge für die Skulpturen am Stadttheater und einen Schmied aus Bronze, für Kinderfiguren an der Altenhagener Hallenschule und vieles mehr. Milly Steger entwarf auch die sechs mächtigen Panther auf der alten Stadthalle, die im Zweiten Weltkrieg leider zerstört wurde. Und hast du schon Stegers Frauenkopf über dem alten Eingang des Osthaus Museums entdeckt?

Als es wegen des Ersten Weltkrieges nicht mehr genügend Aufträge in Hagen gab, kehrte Milly Steger 1917 nach Berlin zurück. Dort arbeitete sie bis zu ihrem Tod 1948 als Bildhauerin.

Von 1911 bis 1917 lebte die Künstlerin in diesem Haus am Stirnband, das der Architekt Jan Ludovicus Mathieu Lauweriks im Auftrag von Osthaus geplant hatte. Hier befand sich auch ihre Werkstatt.
Das signalisierte die Bauskulptur an der Fassade, die Milly Steger selbst aus Stein gehauen hat. Die kräftige, fast riesige Frauenfigur scheint den schweren Balkon zu tragen.

Milly Stegers »Schmied« sollte eigentlich an der Altenhagener Brücke aufgestellt werden und eine Art Denkmal für die Stahlwerke und die Kleineisenindustrie in Hagen sein. Diese 84 Zentimeter hohe Skulptur wurde 1913 nach einem Modell in Bronze gegossen, also aus Metall gefertigt. Das Fachwort für ein solches Kunstwerk, um das man meistens herumgehen kann, heißt Rundplastik oder Freiplastik. Heute steht der »Schmied« im Volkspark nahe der Bahnhofstraße.

Die Figur zeigt einen Industriearbeiter, wie sie damals auch an den Hochöfen im Ruhrgebiet tätig waren. Der lebensgroße, muskulöse Schmied ruht sich von seiner schweren körperlichen Arbeit aus. Die Stadtregierung wollte jedoch lieber einen stehenden, aktiven und vor Kraft strotzenden Eisenarbeiter mit einem schöneren Gesicht.

Erforsche die Figur genau, möglichst von allen Seiten. Schreibe deine Beobachtungen auf und mache eventuell Skizzen oder Fotos. In der Stadtbücherei kannst du nach Bildbänden über die Stahlindustrie im Ruhrgebiet fragen. Suche Fotos mit Arbeitern an den Hochöfen heraus und vergleiche deren Kleidung und Körper mit Milly Stegers »Schmied«. Wie hat sie ihn dargestellt?

Seit Urzeiten spielen die Menschen Theater. Besonders berühmt sind die über 2000 Jahre alten Theater der Griechen und Römer. Ich habe mir die antiken Theater von Epidaurus in Griechenland und von Ephesus in der heutigen Türkei angesehen. Obwohl diese Bauwerke nicht vollständig erhalten sind, lässt sich vieles noch ablesen. Den Grundriss hier habe ich auf Reisen gemacht. Das Theater in Ephesus hatte 21.000 Sitzplätze! Das Publikum saß meistens unter freiem Himmel, so wie heute im Fußballstadion. Aufgeführt wurden Tragödien (Theaterstücke, die tragisch, also traurig enden) und Komödien (komische oder lustige Stücke). Die Schauspieler trugen je nach ihrer Rolle verschiedene Masken.

Karl Ernst Osthaus spielte in seiner Jugend selbst Theater und schrieb ein Bühnenstück. Später ließ er sogar im Hohenhof eine Bühne einbauen. Außerdem holte er moderne Theater- und Tanzaufführungen nach Hagen. Osthaus interessierte sich auch für fremdartige Theaterformen. Für das Museum Folkwang kaufte er Schattenspielfiguren aus Java und alte japanische Masken wie diese hier.

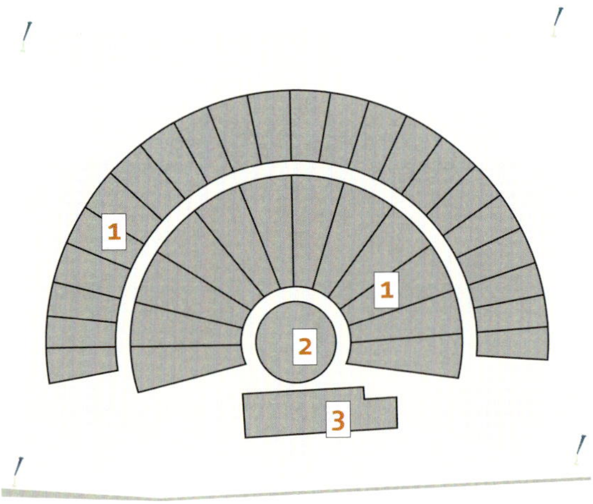

Grundriss des Theaters in Epidaurus

1 Cavea (Zuschauerränge mit Treppen)

2 Orchestra (Spielfläche/Bühne)

3 Skenengebäude (Bühnenhaus für Auftritte)

1911 wurde das Stadttheater in Hagen eingeweiht, für das viele Bürger Geld gespendet hatten. Sie wollten, dass jedermann ins Theater gehen kann, auch Kinder und Jugendliche. Schon damals gab es teure und billige Plätze. Das »Gesicht« des Gebäudes mit den hohen Säulen und den vier Skulpturen von Milly Steger sollte an die antike Baukunst erinnern. Außerdem schmückt die Fassade hoch oben eine Theatermaske. Das Steinrelief in dem dreieckigen Giebelfeld ist so groß, dass man es von unten gut erkennen kann. Der Zuschauerraum fasste 996 Personen. Besonders stolz waren die Hagener auf die elektrischen Bühnenmaschinerien.
Milly Steger hat die vier 2,50 Meter hohen Frauenstatuen an der Fassade, im Gerüst stehend, selbst mit Hammer und Meißel aus Stein gehauen. Dabei trug sie sicher kein Kleid! Käthe Kollwitz, eine andere Künstlerin, schrieb 1917 über sie: »Sie ist ein ordentlicher Kerl, arbeitet wie ein Mann, hat große Aufträge für Bauten…«
1911 kam es zu einem richtigen Streit um diese Aktfiguren. Auch heute gefallen sie nicht jedem. Trotzdem darf man diese Kunstwerke nicht einfach herunternehmen oder gar zerstören. Überlege dir Gründe, warum das so ist. Lies auch die Seite 2 und 23.

SO EIN THEATER!

Anton schaute vorsichtig um die Ecke des Ganges, der zur Bühne führte. »Los komm, die Luft ist rein«, flüsterte er Felix zu. Antons Vater war der neue Inspizient am Hagener Stadttheater, und sein Sohn kannte sich dort bereits bestens aus. Schon in Berlin war Anton Schmitt auf der Bühne wie zuhause gewesen. Da sein Freund Felix überhaupt kein Theater kannte, hatte Anton ihn heute kurzerhand hineingeschmuggelt. Nun blickten die beiden Jungen von der Bühne in den Zuschauerraum, der nahezu 1000 Menschen fasste. Die Plätze in den ersten Reihen des Parketts waren ziemlich teuer. Aber auch von weiter hinten und auf den oberen Rangplätzen konnte man die Aufführungen gut sehen. »Wenn der Vorhang aufgeht, ist nur noch die Bühne beleuchtet,« erklärte Anton. »Durch das helle Rampenlicht und die vielen anderen Beleuchtungen können die Schauspieler ihr Publikum kaum erkennen. Guck mal nach oben, wie viele Scheinwerfer an den Zügen der Oberbühne befestigt sind. Das wird morgen ein fulminantes Lichtspektakel!«

Die Arbeiter hatten das erste Bühnenbild des Zauberspiels für die morgige Premiere bereits aufgebaut. Auf beiden Seiten der Spielfläche waren mit Bäumen bemalte Prospekte so hintereinander gestaffelt, das der Eindruck eines Wäldchens entstand. Vor und zwischen diesen hängenden, flachen Leinwandkulissen befanden sich einige wirkliche Bäume, diverse Pflanzen, Felsbrocken und ausgestopfte Tiere nebst einer Hütte. »Rühr dich nicht vom Fleck,« rief Anton und war schon verschwunden. Auf einmal sah Felix an der Bühnenrückwand Wolken vorbeiziehen, die immer dichter, dunkler und bedrohlicher wurden. Dann stand der Himmel erneut heiter und still.
Atemlos kam Anton von hinten wieder vor. »Puh, das ist ganz schön anstrengend, die Walzen des Wandelprospekts in Bewegung zu setzen. Leider noch Handbetrieb! Für dieses Wolkenpanorama wurde eine urlange Stoffbahn bemalt, ebenso wie für den vorgetäuschten Seegang im zweiten Akt. Außerdem wird ein bis zur Vorderbühne stehender Rundprospekt einen fantastischen Zaubergarten abgeben – immer dramatisch beleuchtet mit allem Zip und Zap und natürlich mit Wind, Regen oder Donner! Die motorbetriebenen Geräuschmaschinen bedient mein Vater dort vom Inspizientenpult aus,« erklärte Anton und wies auf eine Loge nahe der Rampe. »Hier schaltet er während der Vorstellung vor allem die farbigen Lampen der Signallaternen auf der Bühne und den Arbeitsgalerien der Oberbühne und in der Unterbühne ein und aus. Damit gibt er die Zeichen für die Umbauten, den Einsatz der Maschinerien, den Auftritt der Schauspieler und das Ziehen oder Herablassen des Vorhangs. Und dort ist die Beleuchterkabine. Moderner geht's nicht! Meistens läuft auch alles wie am Schnürchen. Dieses Theater hat übrigens 53 Züge oder Schnüre für die Kulissen und Beleuchtungen. Mit diesen Hebevorrichtungen werden die Prospekte, andere Dekorationen und die Flugmaschine vom 20 Meter hohen Schnürboden in Null-komma-Nichts auf die Hauptbühne herabgelassen oder aber nach oben gezogen.«

Anton wollte Felix gerade den Bühnenmeisterfahrstuhl zeigen, als plötzlich Stimmen näher kamen. Schnell zog er seinen Freund zur Waldhütte nahe der Bühnenrampe. Als Felix sich auf einem Stein abstützte, rutschte dieser eingedellt beiseite. »Mehr Schein als Stein«, murmelte Anton, »alles Pappe.« In diesem Moment betraten Saladin Rosenfeld und Gustav Schmitt die Bühne. »Ich bin immer noch unzufrieden mit dem Schiffsuntergang,« bemerkte der Regisseur zu Antons Vater. »Ich denke, es gibt 'ne Lösung«, konterte der ehemalige Berliner. »Immerhin hat die hintere große Bühnenversenkung einen Elektromotor von 15 Pferdestärken!« Wenig später standen die Schauspieler und Bühnenarbeiter für eine weitere Probe bereit. Doch zunächst wurde die Hütte durch eine Öffnung in die sechs Meter tiefe Unterbühne versenkt, dann schloss sich der Boden wieder. Felix entfuhr ein nervöses Kichern, doch Anton hielt ihm geistesgegenwärtig den Mund zu. An ein Entkommen war allerdings nicht zu denken.

Eine Stunde später hörte Anton die durchdringende Stimme seines Vaters: »Na, denn kurbel mal die zwei Tunichtgute wieder hoch, Heinrich.« Als Anton mit seinem Freund schließlich vor ihm stand, sagte Gustav Schmitt fast empört: »Glaubst du, dass ich als Inspizient so'n Kokolores nicht bemerke? Was hast du dir denn dabei gedacht?« Felix wäre am liebsten wieder in der Versenkung verschwunden, aber Anton erklärte seinem Vater alles und fügte schließlich hinzu: »Deshalb soll Felix ja auch morgen an meiner Stelle zur Erstaufführung gehen. Bitte, Papa.«
Der Inspizient blickte seinen Sohn nachdenklich an: »Na mal sehen, Jungchen.«
Am nächsten Abend saßen Anton und Felix beide ganz vorn im Parkett. Und obwohl sie die Theatergeheimnisse kannten, nahmen der rasante Kulissenwechsel und die szenischen Effekte auch sie gefangen: der plötzlich herabschwebende Drachen – die Geister, die vorn mit Getöse, Rauch und Lichtgewitter aus der Unterwelt hervorschossen – das stürmische Auf und Ab des Schiffes bei tosendem Wind – und das Zauberschloss, das mitsamt plätscherndem Brunnen aus der Tiefe des wundersamen Gartens emporstieg. Felix sagte immer wieder ganz leise: »Fabelhaft!« Anton konnte ihm nur zustimmen.

DIE GANZE STADT GESTALTEN

Karl Ernst und Gertrud Osthaus sehnten sich nach Schönheit in Natur und Kunst und wollten das Leben für sich und andere verschönern: durch schöne Häuser, Möbel und sorgfältig gestaltete Dinge im Alltag, durch neuartige Museen und Ausstellungen sowie durch moderne Theater- und Tanzaufführungen. Sie wollten aber auch eine gute und schönere Stadt. Allerdings bleibt die Zeit niemals stehen, ständig ändert sich die Welt. Doch manches Schöne, Gute und Interessante kann uns über Jahrhunderte begleiten, wenn wir etwas dafür tun.

Der erste Schritt ist immer das Kennenlernen. Erforsche deine Stadt. Finde heraus, wo sich noch alte Gebäude, Straßen und Plätze befinden. Benutze dafür die Methode des Mapping (Seite 14–15). Lege dir ein eigenes Archiv an, in dem du deine Beobachtungen, Skizzen und Fotos, vielleicht auch Notizen aus anderen Büchern, Postkarten und Zeitungsausschnitte zu Hagen sammelst. Meistens recherchiere ich viele Monate, manchmal sogar Jahre zu einem kunsthistorischen Thema oder einer bestimmten Forschungsfrage. Oftmals verändern sich meine Interessen und Fragen mit der Zeit. Deshalb ordne ich mein Material immer wieder neu oder sortiere Dinge aus.

Ich habe hier für dich drei alte Aufnahmen von Hagen im Historischen Centrum (Stadtarchiv) herausgesucht: den Hagener Hauptbahnhof, um 1935 fotografiert, eine Postkarte mit der früheren Altenhagener Brücke aus der Zeit vor 1909, an der Milly Stegers Bronzeskulptur des »Schmied« aufgestellt werden sollte, und ein Foto mit dem Museum Folkwang in der Hochstraße von 1910. Vielleicht gibt es auch in deiner Familie noch alte Fotos und Postkarten von Hagen.

Hagen
Alten Hagenerbrücke

Die ganze Stadt gestalten! Das meint zuerst Vieles, was wir heute Stadtplanung nennen: Bebauungspläne für die Stadt und ihre Stadtteile und Gebiete erstellen. Wie sollen Straßen- und Sichtachsen verlaufen? Wie hoch sollen Häuser werden? Sollen sie mit dem Giebel zur Straße stehen oder mit der Traufe (ein altertümliches Wort für Regenrinne)? Wo sollen Grünflächen, Parkanlagen und Sportplätze sein? Welche Flächen gehören der Stadt, welche sind für Gewerbe reserviert, welche für Privatpersonen? Sollen Kunstwerke im öffentlichem Raum aufgestellt werden? Welche Gebäude früherer Zeiten sollen unter Denkmalschutz stehen und erhalten werden?

Doch Osthaus und seine Mitstreiter wollten auch über einzelne Häuser und ihre Formen reden. Welche Architektur soll gebaut werden? Sollen Häuser nur nützlich oder auch schön sein? Aus welchen Materialien sollen sie geschaffen werden? Werden auch die Gitter entlang der Straße und die Tore besonders gestaltet? Und sogar die Straßenlaternen? Lässt man diese Formen auch von Künstlern entwerfen?
Können sich nur reiche Menschen schöne Häuser leisten? Oder kann es auch für Angestellte und Arbeiter schön gestaltete Häuser und Siedlungen geben? Sollen auch Fabriken und Maschinenhallen schöne Formen besitzen? Soll der Bahnhof ein kunstvoll gestaltetes Fenster erhalten? Und das Theater mit modernen Skulpturen geschmückt werden? Sollen Schaufenster kunstvoll dekoriert werden? Und die Reklame und Museumsplakate? Lässt man sie von Künstlern entwerfen? Oder den Schriftzug an einem Gebäude?

Am Ende seines Lebens wollte Osthaus auch eine neue Schule entwerfen. Nach dem Ersten Weltkrieg (1914–1918) sollte in Deutschland eine Demokratie aufgebaut werden. Osthaus war davon überzeugt, dass hierfür gerade auch moderne Schulen benötigt würden. Und er glaubte fest daran, dass Schönheit zu einem glücklichen und friedfertigen Leben beitragen kann.
Ein Architekt (Bruno Taut) wurde beauftragt, Pläne für diese ideale Schule anzufertigen. Osthaus selbst arbeitete mit an den Lehrplänen. Doch konnte er dieses Bauprojekt nicht mehr verwirklichen. Es ist heute beinah in Vergessenheit geraten.

Henry van de Velde stattete 1904 in Hagen auch einen Maschinensaal aus: für die Werkzeugfabrik, die 1872 von den Brüdern Vorster in Wehringhausen gegründet worden war. Er entwarf die Gestaltung der Wände sowie das Oberlicht. Hier legte er die kunstvolle Linienführung der Metallstege fest, die das Glas einfassen. Das Gebäude ist nicht mehr erhalten.
Das Verwaltungs- und Lagergebäude der Spedition Lehnkering (heute Schenker) wurde 1911 von den Architekten Leopold und Heinrich Ludwigs entworfen. Leopold Ludwigs war ein Schüler von Peter Behrens und Mathieu Lauweriks. Die beiden unterhielten in Hagen ein Architekturbüro, mit dem sie zahlreiche Neu- und Umbauten bearbeiteten. Noch heute finden sich viele dieser Bauten über das ganze Stadtgebiet verteilt, darunter zwei Wohnhäuser an der Haßleyer Straße 10 und 14 aus den Jahren 1909–1911.

Die Gartenvorstadt Hohenhagen sollte auf etwa 20 Hektar Land in Eppenhausen, nördlich von Emst und damals noch außerhalb der Stadt Hagen, entstehen. Das Leben dort draußen in der frischen Luft des hügeligen Geländes war viel gesünder als im Zentrum, das damals noch voller Handwerks- und Industriebetriebe war. Osthaus hatte das Gelände gekauft und plante, im Laufe der Zeit eine ganze Kolonie mit Häusern von Künstlern in unterschiedlichen Größen und Preisklassen errichten zu lassen. Einzelne zusammenhängende Viertel sollten dabei immer von einem Künstler-Architekten entworfen werden, um dessen persönliche Handschrift als Entwerfer voll zur Geltung zu bringen. Osthaus wollte mit dem Vorbild der Kolonie zeigen, dass es nicht nur möglich, sondern auch besonders schön werden konnte, wenn Stadtviertel nach einem vorher festgelegten Bebauungsplan entstanden.

Damals sind eine ganze Reihe Häuser von sehr berühmten Künstlern gebaut worden. Inzwischen sind Häuser von anderen Architekten, wie dem Hagener Büro Gebrüder Ludwigs, hinzu gekommen. Man kann jedoch das Gelände und die Villenkolonie noch genau erkennen. Die Villa Cuno, die hier auf dem Foto zu sehen ist, steht an der Hassleyer Straße, und von hier aus kannst du einen Spaziergang durch die »Gartenvorstadt Hohenhagen« machen. Die Häuser findest du an folgenden Straßen: Stirnband, Unter Kastanien, Goldene Pforte und Amselgasse. Ihre Architekten waren Henry van de Velde, Mathieu Lauweriks und Peter Behrens, von dem auch die Villa Cuno gebaut wurde.

Die Villa Cuno wurde für den damaligen Ober-

bürgermeister der Stadt Hagen, Willi Cuno (1860–1951), errichtet und ist inzwischen ein Kindergarten. Den Hohenhof mit seiner historischen Einrichtung kann man als Museum des Hagener Impulses besichtigen. Besucher von allen Kontinenten kommen nach Hagen, um ihn zu sehen. Die anderen Häuser sind noch immer private Wohnhäuser, und es leben ganz normale Familien in ihnen. Wie es wohl ist, in einem »Denkmal« zu leben?

Peter Behrens (1868–1940) arbeitete fast 20 Jahre lang immer wieder mit Karl Ernst Osthaus in Hagen zusammen. Wie Henry van de Velde war er ein »Alleskünstler«. Auch er hatte zunächst Malerei studiert, um dann aber ebenfalls für viele Bereiche des Kunsthandwerks Entwürfe anzufertigen und als Architekt zu wirken. Als künstlerischer Berater der AEG war Behrens der erste Industrie-Designer. Am Anfang seines Schaffens hatte er sich auch mit »Typographie« beschäftigt, der Gestaltung von Buchstaben, Schriften und Büchern. Der vielleicht berühmteste Schriftzug, den er 1908 zusammen mit seiner Schülerin Anna Simons entworfen hat, lautet »Dem deutschen Volke«. Er wurde 1917 an der Fassade des Deutschen Reichstages angebracht und schmückt noch immer das Gebäude in Berlin (heute: Deutscher Bundestag).

Die Stirnbandsiedlung ist der einzige einheitlich von nur einem Künstler geplante Straßenzug in der »Gartenvorstadt Hohenhagen«, der fertiggestellt wurde. Die anderen Künstler konnten leider nicht alles bauen, was sie geplant hatten oder was Osthaus sich von ihnen für die Kolonie wünschte: 1914 brach der Erste Weltkrieg aus, und nur noch sehr wenige Privathäuser wurden errichtet. 1921, also wenige Jahre nach dem Ende des Ersten Weltkrieges 1918, als sich die Menschen noch nicht von den Folgen des Krieges erholt hatten, starb Osthaus und konnte daher seine Pläne nicht mehr fortsetzen.
Die zwischen 1911 und 1914 von dem niederländischen Künstler Johannes Ludovicus Mathieu Lauwerik erbauten Häuser sind aber nicht nur deshalb etwas Besonderes. Sechs Häuser, zum Teil Doppelhäuser, stehen in einer Reihe am unteren Ende der Stirnband genannten Straße, die auch der Siedlung ihren Namen gab. Das erste Haus befindet sich an der Ecke zur Hassleyer Straße und liegt mit seinen Außenwänden zum Teil dicht am Bürgersteig. Geht man in die Straße hinein, kann man auch das letzte Haus in der Reihe gut sehen; es ist ebenfalls direkt am Bürgersteig gebaut. Die Häuser dazwischen stehen in einer leichten Kurve verlaufend etwas zurück, wodurch Vorgärten gebildet wurden und der Blick in die Siedlung besonders offen wirkt.
Alle Häuser passen sehr gut zusammen, weil der Architekt sie aus denselben Materialien gestaltet hat: dem hellgrauen Kalkstein aus Hagen, dem gelblichen Ruhrsandstein und dem holländischen Ziegelstein. Dieser wird in den Niederlanden etwas kleinformatiger hergestellt, als es in Deutsch-

land üblich ist. Die Häuser gehören also als Gruppe zusammen. Dennoch gleicht keines der Häuser dem anderen. Durch die sehr unterschiedlichen Größen der Häuser und durch immer wieder andere Ideen für die Anordnung von Fenstern und Türen sowie durch viele andere Details versteckte der Künstler sogar, dass es bei den Häusern ein einheitliches Entwurfssystem gegeben hat. Lauweriks hatte ein Modul-System zum Entwerfen von Gegenständen wie Möbeln oder Gefäßen aus Silber und insbesondere von Häusern erfunden. Er wollte durch die Verschiedenheit der Einzelgebäude zeigen, dass die Verwendung eines solchen Systems zu einer schönen einheitlichen Wirkung führen kann und dennoch nicht alles gleich aussehen würde.

Du kennst etwas ganz ähnliches von deinen Schulheften, die meist das Format DIN A5 oder DIN A4 haben oder vom Zeichenblock in DIN A3 oder sogar DIN A2. Die Deutsche Industrie Norm (DIN) gibt es heute nicht nur für Schulhefte. Sie wird auch auf Baustellen verwendet, damit die in Fabriken vorgefertigten Teile vieler verschiedener Hersteller zusammenpassen. Dies hilft dabei, Zeit und Geld zu sparen. Als die Stirnbandsiedlung gebaut wurde, wurde noch alles extra für das jeweilige Haus angefertigt oder zugeschnitten, was viel teurer war. Lauweriks hat diese Vereinheitlichungen mit seinem individuellen Entwurfssystem bereits vorweggenommen und viele Architekten haben seine Ideen später studiert.

EIN MODERNES MÄDCHEN

Charlie schaute in den Spiegel. Eigentlich hieß sie Charlotte, aber sie wäre viel lieber ein Junge gewesen. Immerzu hieß es: »Renn nicht so wild herum! Zieh dich ordentlich an! So benimmt sich keine junge Dame!« Erst gestern hatte es wieder eine Gardinenpredigt von ihrer Mutter gegeben. Statt mit Tante Berta Tee zu trinken, war Charly lieber im Garten herumgestrolcht. Wäre der Vater da gewesen, hätte sie Hausarrest bekommen. Doch der Textilfabrikant Otto Heinermann war mit seinem ältesten Sohn Wilhelm nach Berlin gereist. Warum durften Jungen nur so viel mehr als Mädchen? Etwa herumtoben oder allein durch die Stadt laufen. Warum konnten sie jeden Beruf lernen und alle Fächer studieren, Mädchen aber nicht? Und wer bestimmte das eigentlich?

In gewisser Hinsicht hatte sie ja noch Glück. Wie ihre Mutter trug Charlotte Reformkleidung und musste sich nicht schnüren. Einmal hatte sie zugesehen, wie ihre zwölfjährige Cousine Jenny sich ankleidete. Was für eine Prozedur! Über dem langen Unterhemd wurde das Korsett angelegt und vom Dienstmädchen hinten am Rücken so eng es ging mit Bändern zugeschnürt. Dieses mit Fischbeineinsätzen oder Stahlfedereinlagen verstärkte, ärmellose Oberteil war schon ein scheußliches Marterwerkzeug! Dann kamen die Beinkleider, zwei Unterröcke und darüber endlich das Kleid. Kein Wunder, dass Jenny immer wieder in Ohnmacht fiel. Auch bewegen konnte sie sich nicht wirklich. Aber Jenny war ihre ach so wunderbare Wespentaille ohnehin wichtiger als das Fahrradfahren. Nachdem Charlie ihrem Vater eine Postkarte mit den österreichischen Prinzessinnen beim Radfahren gezeigt hatte, hatte sie zu ihrem zwölften Geburtstag endlich ein Rad bekommen. Sie hatte sich sogar ein modisches Sportkostüm mit Schlips und Hosenrock ertrotzt.
Nun hielt Charlie in ihrer rechten Hand eine große Schere und in der linken einen ihrer Zöpfe. Sollte sie tatsächlich ...? Ja, sie sollte! Beherzt schnitt sie erst den einen, dann den anderen Zopf ab. Als sie ihr Werk im Spiegel betrachtete, musste sie schlucken. Sie sah überhaupt nicht aus wie der edle Ritter Prinz Eisenherz, der sie gern gewesen wäre, sondern eher wie ein wild gewordener Handfeger. Dann würde sie eben auch noch die Schiebermütze ihres Bruders entwenden müssen. Es traf sich gut, dass ihr Vater und Wilhelm in Berlin waren. Charlie zog eine Hose und die neue graue Jacke ihres Bruders an, leerte ihre Sparbüchse und schlich ungesehen aus dem Haus. Jetzt ging das Leben endlich richtig los!

Drei Stunden war das Mädchen nun schon allein unterwegs. Sie war mit verschiedenen Straßenbahnen kreuz und quer durch die Stadt gefahren und war an den großen dekorierten Schaufenstern der Kaufhäuser entlang geschlendert. Dann hatte sie sich den Bahnhof endlich einmal gründlich angesehen. Zufrieden sah sie, dass dort im neuen Bleiglasfenster sogar eine Skifahrerin dargestellt war. Dann ließ sich Charlie einfach ziellos durch die Straßen treiben, vorbei an prächtigen Bürgerhäusern mit ihrem vielfältigen Bauschmuck. Und in einem kleinen Laden kaufte sie köstliche, bunte Bonbons. Zunächst merkte sie gar nicht, dass sich die Stadt veränderte. Jetzt ragten immer mehr die Schlote der Eisenindustrie in den Himmel und verschmutzten die Luft. Vor den Fabriken standen Frauen und Kinder, die das Mittagessen für ihre Männer, Väter und Geschwister im Korb oder Henkelmann dabei hatten. Dann wurden die Straßen und Häuser zunehmend trister.

Plötzlich legte sich eine Hand auf ihre Schulter, und Charlie hörte die vertraute Stimme ihres Onkels Friedrich: »Was machst du denn hier? Ich dachte, du bist in Berlin?« Das Mädchen drehte sich langsam zu seinem Lieblingsonkel um. Der musterte sie eine Weile von oben nach unten und sagte dann »Na, wenn du schon mal hier bist, kannst du ja mit mir zu den Lehmanns kommen.« Friedrich Heinermann war Arzt und hatte seine Praxis in der Nähe dieses Arbeiterviertels. Zusammen gingen sie eines der schmutziggrauen Miethäuser. Im dunklen Flur roch es nach Kohl und Hering, dem Armeleute-Essen. Der Onkel klopfte an eine der vielen Türen, und sie betraten ein fast lichtloses, ärmliches Zimmer, in dem sieben Personen lebten. Es gab ein Doppelbett aus Eisen, in dem die Eltern und drei ihrer Kinder schliefen, ein weiteres Bett, einen kleinen Ofen zum Heizen und Kochen sowie ein wackeliges Regal, einen Tisch und ein paar Hocker.

Eine verhärmte Frau, an deren Rock sich ängstlich zwei kleine Kinder in einfachen Hemdchen klammerten, blickte dem Arzt hoffnungsvoll entgegen. »Anna hat die ganze Nacht wieder nur gekeucht und gehustet«, sagte sie und wies auf das Mädchen, das ermattet in einem aus groben Holzbrettern gezimmerten Bett lag. Charlotte betrachtete stumm das schmale, erschöpfte Gesichtchen des Kindes und dessen mageren Oberkörper, als der Onkel es untersuchte. »Viel kann ich nicht tun«, sagte der Arzt und drückte der Frau ein Fläschchen in die Hand, obgleich er wusste, dass sie die Medizin nicht würde bezahlen können. Sie waren fast zur Tür hinaus, als Charlie sich noch einmal umdrehte. Sie ging zu dem kranken Mädchen, griff in eine ihrer Hosentaschen und drückte ihm die restlichen Geldstücke und Bonbons in die Hand. Auf dem gesamten Rückweg sagte sie kein Wort. Es war ihr schon längst egal, welche Strafen ihr heutiges Abenteuer kosten würde. Erst als sie vor der großen Villa standen, wandte sich Charlie an ihren Onkel: »Ich will Arzt werden, so wie du. Das muss einfach gehen.«

Die Arbeitersiedlung von Richard Riemerschmid, einem Künstler aus Bayern, wurde von 1907 bis 1910 im Wasserlosen Tal gebaut. Osthaus brachte die Familie Elbers, die Besitzer der »Hagener Textilindustrie« auf die Idee, mit einem Künstler zusammenzuarbeiten. Ursprünglich geplant waren 87 Häuser, die in verschiedenen Straßen um einen in der Mitte der Siedlung gelegenen Platz angeordnet werden sollten. Für die Mitarbeiter der Firma wären sie wie ein kleines Dorf in der Stadt gewesen und hätten sich vor allem in der Nähe der Fabrik befunden. Vom Elbers-Gelände hierher sind es nur wenige Minuten zu Fuß. Leider ist von der geplanten Arbeiterkolonie nur ein einziger Straßenzug entstanden. Man sieht aber genau, wie Riemerschmid und seine Auftraggeber sich die ganze Siedlung gedacht hatten.
Die Häuser sind nicht besonders groß, doch waren sie nach damaligen Maßstäben großzügig bemessen und boten ihren Bewohnern einigen Luxus. Sie waren als Modell für eine moderne Arbeitersiedlung gedacht.
In der Siedlung von Riemerschmid konnten auch nicht alle Arbeiterfamilien

wohnen, da sie nicht groß genug war, und die Firma überlegte sich sehr genau, welche ihrer Arbeiter es verdient hatten, dort zu leben.
Wer hier einziehen durfte, hatte endlich etwas Platz für seine Familie, und es gab sogar einen Garten, in dem die Bewohner eigenes Gemüse anbauen konnten. Außerdem hatten die Häuser einen kleinen Stall für ein Schwein, eine Ziege oder vielleicht ein paar Hühner. Auf dem historischen Foto kannst du die Rückseite der Häuser mit den Gärten und den kleinen Stallanbauten ansehen. Ganz vorne, am unteren Bildrand, sieht man Kohl und links, direkt an der Hauswand, steht ein Baum – vielleicht ist es ein Apfelbaum. Hast du die beiden Mädchen schon entdeckt?

Auch das Innere der Häuser war sehr gut ausgestattet. Es gab einen eigenen Raum mit fließendem Wasser sowie Fliesen an Boden und Wänden. Der Raum konnte sehr gut sauber gehalten werden, und die Bewohner des Hauses konnten in ihm Wäsche waschen, baden und natürlich auch das Wasser zum Kochen entnehmen. Gekocht wurde in diesem Raum nicht, dafür gab es einen Herd in der Stube, also dem Wohnraum. Mit dem Herd wurde zugleich das Haus beheizt – so ging die wertvolle Wärme nicht verloren. Die Arbeitersiedlung von Richard Riemerschmid zeigt, wie wichtig es Karl Ernst Osthaus war, dass die Arbeiter in schönen und modernen Häusern und einem schönen Umfeld lebten: so wie auch die Angestellten und Beamten oder die reichen Großbürger.
Während in den meisten Häusern noch immer Menschen leben, gehört das Haus Nummer 17 zum Osthaus Museum. Man kann es mit einer Führung besichtigen.

Langsam wird mir ganz schwummerig im Kopf vom vielen Anschauen und Lesen. Es ist wirklich unglaublich, was Osthaus alles verbessern wollte. Ende des 19. Jahrhunderts waren mit der Elektrifizierung die ersten großen Kaufhäuser eröffnet worden. Die Waren wurden nun in viel größeren Fenstern präsentiert. Außerdem stellte man mehr und mehr Produkte industriell, das heißt mit Maschinen her. Aber wie sollten die Geschäftsleute die moderne, aber eintönige Stapelware, vor allem Konserven, Seifen, Keksbüchsen oder Waschpulverkartons dekorieren?

1909 hatte in Groß-Berlin der erste Schaufenster-Wettbewerb stattgefunden. 1910 organisierte auch Karl Ernst Osthaus mit dem Deutschen Museum für Kunst in Handel und Gewerbe einen Schaufenster-Wettbewerb in Hagen. Viele Kaufhäuser und Geschäfte machten mit, und eine Jury von Preisrichtern und Beratern verlieh Medaillen.
Für Osthaus sollten die Schaufensterdekorationen keineswegs nur die Käufer locken und unterhalten oder gar verblüffen. So schrieb er 1913: »Das Schaufenster ist ein wichtiges Stück der Gesamterscheinung unserer Städte. Hier wirkt der Kaufmann als Künstler und nicht nur als Vermittler. Vor seinen Glasscheiben lernen Frauen und Männer, was schön ist.« Damals entstand ein neuer Beruf: der Schaufenstergestalter. Auch Künstler wie Peter Behrens entwarfen Ladeneinrichtungen, Schaufensterdekorationen, Werbung und Verpackungen.

Bei einem Berliner Wettbewerb im Jahr 1910 verarbeitete ein Warenhaus für eine Schaufensterdekoration 8000 Kilogramm Palmölseife. Aus der Fontäne der Brunnendekoration sprudelte ständig Seifenschaum, um die Ergiebigkeit des Produkts zu demonstrieren. Für Osthaus war es ein Beispiel für ein »gutes Schaufenster«. Was hältst du davon? Sind heutige Schaufensterdekorationen gut oder schön? Spielen bei der Gestaltung bestimmte Formen, Linien und Farben eine Rolle?

Die Gebrüder Alsberg hatten 1875 ein Textilkaufhaus in der Elberfelder Straße gegründet. Man bekam dort Kleidung, Wäsche und »Weißwaren«, also Tischdecken, Servietten, Handtücher und ähnliches. Ihr Nachfolger Wilhelm Leeser ließ 1910–1911 am gleichen Ort ein »Modernes Spezialhaus« errichten. Wenn du eine Lupe nimmst, kannst du die damals modernen Schaufensterauslagen ganz gut erkennen. 1998 hat man die schöne Jugendstil-Fassade zum Glück restauriert. Daran war auch die Denkmalpflege beteiligt.

Im Jahr 1909 gründete Karl Ernst Osthaus das »Deutsche Museum für Kunst in Handel und Gewerbe«. Zusammen mit Mitstreitern für die neue Kunst und das Leben in Schönheit baute er dieses Museum auf. Er stellte hierfür große Summen aus seinem Erbe zur Verfügung.
Seit kurzer Zeit gab es auch den »Deutschen Werkbund«, eine Gruppe von Künstlern, Fabrikanten und Menschen wie Osthaus. Sie wollten gemeinsam für ein Leben mit schönen Dingen in schönen Häusern und Städten kämpfen. Osthaus stellte sich vor, dass jeder dieser Künstler und jeder der Fabrikanten einige Proben seiner Werke und Produktionen in das mobile Museum geben sollte. Diese wurden dann zu Ausstellungen zusammengestellt und auf Reisen geschickt. Auch Werbeplakate oder Logos wurden gesammelt und ausgestellt. Möglichst viele Menschen sollten Gelegenheit bekommen, diese vorbildlichen Dinge kennen zu lernen – um dann vielleicht auch nach solcher Schönheit in ihrem eigenen Leben, ihrer eigenen Wohnung und ihrer eigenen Stadt, aber auch in ihrer Fabrik und in ihren Produkten zu streben.
Für dieses Museum stellte Osthaus vor allem auch eine riesige Fotosammlung zusammen. Mit den Fotos wurden wiederum Wanderausstellungen ausgestattet. Sie wurden an vielen Orten gezeigt, auch in den USA. Osthaus präsentierte auch Fotos des Hagener Impulses: von den Bauwerken und

von den Dingen, die hier in Gebrauch waren oder in der Hagener Industrie nach Entwürfen moderner Künstler produziert wurden. Die vielen alten Fotos vom Hohenhof oder den anderen Bauwerken und Dingen, die in diesem Buch abgebildet sind, wurden zusammen mit Beispielen von anderen Künstlern und aus anderen Städten in diesen Ausstellungen gezeigt. Hagen war ein großartiges Laboratorium der Moderne.

Diese beiden Fotos wurden auch für das »Deutsche Museum in Handel und Gewerbe« verwendet. Das eine zeigt ein Beispiel in Hagen: den Sitzungssaal der Textilfabrik Elbers, den Henry van de Velde entworfen hatte. Seine Gestaltung reicht von den Möbeln über die Lampe bis hin zu den Mustern der Stoffbespannungen an den Wänden. Leider wurde der Raum zerstört; zum Glück gibt es wenigstens dieses Foto und die beiden Schränke wie auch zwei Sessel in der Sammlung des Museums.
Das andere Foto zeigt Arbeiten eines anderen Künstlers, der nicht in Hagen gearbeitet hat: Bruno Paul. Er hatte 1908 einen großen Dampfer, mit dem man in die USA reisen konnte, ausgestattet. Hier ist der Salon der »George Washington« zu sehen. Du findest diese Fotos im Bildarchiv Foto Marburg.

Was würdest du für ein Museum guter Gestaltung auswählen? Warum? Vielleicht stellt du mit Freunden einmal ein solches Museum zusammen: mit Dingen und/oder mit Fotos.

WER – WIE – WARUM

Grußworte

Liebe Hagen-Entdeckerinnen und -Entdecker,
ein Kinderbuch über den Hagener Impuls, geht das? Die Visionen von Karl Ernst Osthaus Kindern vermitteln, ergibt das Sinn? Wer dieses Buch in die Hand nimmt, wird erleben: Es geht hervorragend! Die Autoren nehmen die Leser mit auf eine spannende Entdeckungstour durch die Stadt von heute und das Leben von gestern, die die Leserinnen und Leser viel lernen lässt über die Ursprünge der eigenen, jetzigen Lebenssituation. Durch das Buch entsteht beim Leser ein Verbindungsnetz von Orten, Begebenheiten, Ideen und Menschen. Es macht neugierig und wissbegierig, es leitet mit leichter Hand dazu an, selbst zum Forscher zu werden.

Besonders beeindruckt und freut mich, dass dieses Projekt – ganz im Sinne von Karl Ernst Osthaus – von Hagener Bürgern für Hagener Bürger ermöglicht wurde. Bürgerschaftliches Engagement ist Basisdemokratie und notwendig für den Zusammenhalt unserer Gesellschaft. Den Hagener Serviceclubs ist unter der Federführung des Zonta Clubs Hagen ein exzellentes Beispiel dafür gelungen, dass man gemeinsam auch große Projekte realisieren kann.

Philipp Valentin und allen, die mit ihm zusammen in Hagen »spazierengucken« gehen, wünsche ich spannende Entdeckungen und Begegnungen von, mit und in dieser Stadt, in der man so viel darüber lernt, was der einzelne Mensch bewirken kann, wenn er eine Vision hat. Karl Ernst Osthaus sollte uns allen Ansporn und Vorbild sein, uns mit den Neuerungen der eigenen Zeit vertraut zu machen und sie zu nutzen. Wir alle können noch viel lernen. Fangen wir in unserer Stadt an!

Jörg Dehm

Jörg Dehm
Oberbürgermeister der Stadt Hagen

Liebe Leserinnen, liebe Leser!

Was ist das Besondere an der Stadt, in der ich geboren oder in die ich gezogen bin, um dort zu wohnen? Straßen, Einkaufsgeschäfte, Schulen, Freizeiteinrichtungen und Behörden wie überall? Oder mehr? Ortsgeschichte, Funde aus grauer Vorzeit, Bauten aus verschiedenen Epochen, Menschen, die neue Ideen verwirklichen, und Zeugnisse vielfältiger Gestaltungsmöglichkeiten in der Kunst. Und dazu Berge, Täler, Flüsse und Wälder. Hagen hat in seinen verschiedenen Stadtteilen vieles davon.

Unverwechselbar ist die Stadt nicht zuletzt durch die Zeugnisse des Hagener Impulses. Dieses Buch will junge Menschen dazu ermuntern und ihnen Anregungen geben, Hagen zu erkunden. Es ist spannend, Neues aus Vergangenheit und Gegenwart kennen zu lernen. So würde ich mich freuen, wenn sich viele junge Menschen zu einer Entdeckungsreise durch Hagen anstiften ließen.

Lieselotte Funcke

Dr. h.c. Lieselotte Funcke
Staatsministerin a.D.
Ehrenbürgerin der Stadt Hagen

Ein Buchgeschenk

Dank Frau Professorin Barbara Welzel und ihrem Team ist es den zehn Hagener Serviceclubs gelungen, dieses innovative Buchkonzept umzusetzen. Herr Professor Philipp Valentin und Frau Professorin Nuria Cabrera Bonal stiften in diesem Buch junge Menschen zum Erkunden der Stadt Hagen an. Hagen vermag ein Raum für solche Stadtwanderungen zu sein: die eigene Stadt mit ihrem kulturellen Erbe zu entdecken, Spuren vergangenen Lebens im heutigen Stadtbild zu finden, Bauten und Ausstattungen auf ihre Geschichten hin zu lesen.
Hagen war – dies ist weitgehend in Vergessenheit geraten – ein künstlerischer Brennpunkt zu Beginn der Moderne. Hier öffnete das erste Museum moderner Kunst überhaupt seine Türen. Hier kreuzten sich auf weiten europäischen Bahnen die Wege zahlreicher Architekten und Gestalter der Avantgarde.

Mit diesem Buch leisten wir einen Beitrag: zur Teilhabe an den kulturellen Ressourcen der Stadt, zur Erschließung öffentlicher Räume, zur Wahrnehmung gebauter Monumente, zur Sensibilisierung für Formen und Gestaltungen der Alltagsdinge, zur Erkundung der europäischen Vernetzung der Stadt Hagen und zum Dialog zwischen den Kulturen.

Entstanden ist ein »Buch zum Mitwachsen«. Schätze und Geschichten unserer Stadt werden für junge Menschen auf verschiedenen Ebenen erfahrbar – mithin ein Buch, das nicht auf die einmalige Lektüre setzt, sondern das Heranwachsen und Leben in Hagen begleitet.
Den Hagener Clubs liegen die Kinder und Jugendlichen besonders am Herzen. Für die kommenden Generationen wird nachhaltig etwas zur Identifikation mit Hagen geschaffen. Dieses Buch verbindet den Hagener Impuls mit der Gegenwart – es ermöglicht einen Zugang unabhängig von Alter, Zeit und Vorkenntnissen. Im Sinne von Karl Ernst Osthaus möchten wir »Geschmack formen, Interesse und Neugier wecken«.

Dieses Buchprojekt wurde finanziert durch das Frühjahrsfest 2010 der Hagener Serviceclubs im Kunstquartier, durch private Spenden, durch das Mittun von Fotografen und Bildgebern, die auf Honorare verzichtet haben, sowie durch Sponsoring. Auch das Buchteam hat sich diese Bildungsinitative mit großem Engagement zu eigen gemacht. Wir danken für diese großzügige Unterstützung, die es uns ermöglicht, sowohl die Hagener Museumspädagogik mit diesem Buch auszustatten, als auch das Buch in Kooperation mit den Hagener Schulen an Kinder verschenken zu können.

Inner Wheel
Lions Club Hagen
Lions Club Hagen-Harkort
Lions Club Hagen-Mark
Lions Club Hagen-Westfalen

Rotary Club Hagen
Rotary Club Hagen-Lenne
Rotary Club Hohenlimburg-Letmathe
Soroptimist International Club Hagen
Zonta Club Hagen Area

Wir danken unseren Sponsoren, Förderern und Freunden

- Albuschat GmbH Raumausstattung (Hagen)
- Apostolopoulos, Heidi und Dr. Charalambos (Hagen)
- Bandstahl Schulte & Co. GmbH (Hagen)
- Fritz-Berg-Gedächtnisfonds der SIHK zu Hagen
- Biermann Einrichtungen Hagen-Haspe
- Bildarchiv Foto Marburg
- Otto Blesel GmbH, Burkhard Blesel (Hagen)
- Busse, Prof. Dr. Klaus-Peter (Dortmund)
- Daltons Orckestrar (Hagen)
- Deutsches Tanzarchiv Köln
- Deutsches Textilmuseum Krefeld
- Ebert, Heinz-Joachim (Dortmund)
- Ebert Technologie GmbH (Dortmund)
- Emil Schumacher Museum (Hagen)
- Fehske, Hiltrud und Dr. Klaus (Hagen)
- FernUniversität in Hagen
- Feyerabend, Helga (Hagen)
- Blumen-Fisseler, Jürgen Fisseler (Hagen)
- Frese, Ilse (Dortmund)
- Freudiger, Ingrid (Hagen)
- Fuhrmann, Hildegard (Köln)
- Gewürze & Kochen, Christa Buschmann (Hagen)
- Göbel, Anna Maria und Andreas (Hagen)
- Hamann, Astrid und Rainer (Hagen)
- Henry van de Velde-Gesellschaft e.V. (Hagen)
- Historisches Centrum Hagen
- Hoppmann, Marlies und Manfred (Hagen)
- Karl Ernst Osthaus-Bund. Hagener Kunstverein e.V.
- Kinzius, Dr. med. Michaela (Hagen)
- Kinzius, Dr. med. Rolf (Hagen)
- Klinkert, Rolf und Barbara (Hagen)
- Klostermann, Barbara (Iserlohn)
- Köhler, Wolfgang (Hagen)
- Korte, Harald (Breckerfeld)
- Krägeloh-Ebert, Christine (Dortmund)
- Kreke, Jane und Dr. Henning (Hagen)
- Kruse, Dagmar (Hagen)
- Lernwerkstatt Hagen, Karin Schotenröhr-Thormann
- Lübke, Gabriele (Schmallenberg)
- McDonald's Restaurants (Hagen)
- Märkische Bank (Hagen)
- Margetts, Katharina (New York)
- Gemeinschaftspraxis Dr. med. Franziska Möller-Schmidt und Dr. med. Susanne Ballhaus-Koch (Hagen-Dahl)
- Müller-Krampe, Dr. med. Brigitte (Witten)
- Museum Folkwang (Essen)
- Neumann, Christina (Hagen)
- NOVY'S – Brasserie am Museumsplatz (Hagen)
- Osthaus Museum Hagen
- Otto, Heide und Dr. Wilhelm (Hagen)
- Petersen, Barbara (Hagen)
- Pieper, Roland (Münster)
- Pinkvoss, Kirsten (Hagen)
- Rapp-Frick, Eva und Hans Peter (Hagen)
- Rathaus Apotheke – Internationale Apotheke, Dr. Klaus Fehske (Hagen)
- Riemenschneider, Prof. Dr. Hartmut (Hagen)
- Scharlau, Christine (Hagen)
- Schauerte, Friederike (Iserlohn)
- Scheffler, Dr. Thomas (Hagen)
- Sparkasse Hagen
- Schultheis-Dickertmann, Almut (Hagen)
- Schwebel, Liselotte (Solingen)
- Stahl, Sigrid (Hagen)
- Technische Universität Dortmund
- Teloris GmbH (Hagen)
- Thulesius, Regina und Prof. Daniel (Hagen)
- Timmerbeil, Susanne (Hagen)
- Universität Bern
- Vinoteca Don Carlos, Karl-Wilhelm Schulze (Bochum)
- Vormann Brauerei (Hagen)
- Watta-Gebert, Dr. Bärbel (Hagen)
- Wenig, Dr. Ulrike und Prof. Dr. Alois (Hagen)
- Werner Richard – Dr. Carl Dörken Stiftung (Herdecke)
- Westermann-Angerhausen, Prof. Dr. Hiltrud (Köln)
- Wikinger Reisen (Hagen)
- Winkler, Helga (Hagen)
- Wohnungsverein Hagen e.G.
- Zuelch, Anna (Bochum)

Einladung

Dieses Buch will eine Einladung sein. Es möchte durchstöbert werden. So lassen sich die heutigen und historischen Fotos zusammen mit den Illustrationen von Frank Georgy durchstreifen. Dieses Buch muss man nicht von vorne nach hinten lesen, man kann darin spazieren gehen, einzelne Kapitel lesen oder auch nur einzelne Doppelseiten. Man kann es weglegen und nach Monaten wieder in die Hand nehmen, um dann weitere Dinge kennen zu lernen. Zugleich möchte das Buch anstiften, die Stadt Hagen mit ihrem bedeutenden kulturellen Erbe zu erkunden: Stadtwanderungen zu machen und spazieren zu gucken. Vielleicht mag man fotografieren oder zeichnen, vielleicht sich ein eigenes Stadtbuch gestalten. Die Orte, Bauten und kunstvoll gestalteten Dinge, die dieses Buch vorstellt, haben Geschichten zu erzählen, lassen sich entdecken und bestaunen.

Am Anfang des 20. Jahrhunderts, in einer Zeit großer, mitunter sogar extremer Umbrüche, war Hagen ein »Laboratorium« der Moderne. Hier – im Hagener Impuls – wurden neue Formen des Wohnens, der Stadtplanung, des Sammelns und Ausstellens, der Bildung, der Buchgestaltung und vieles andere mehr erprobt. Hier wurden Modelle geschaffen. Sie zu kennen, bereichert das Bild Hagens, des Ruhrgebiets, ja sogar Europas. Hier haben Menschen nach Lösungen für ihre Zeit gesucht, die von uns heute natürlich nicht mehr eins zu eins übernommen werden können. Doch bleiben sie Ansporn.

Jede Stadt hat ihren eigenen »Sound«. In Hagen gibt der Hagener Impuls einen ganz eigenen Klang. Man kann ihn nur hier hören – in keiner anderen Stadt. Es ist eine große Herausforderung, diese Stadt für die Gegenwart und Zukunft auf eine Weise zu gestalten, dass dieser »Sound« mitschwingen kann, dass die große Besonderheit dieser Stadt einen Teil ihres Klanges ausmacht. Voraussetzung hierfür ist Teilhabe: die Einladung an alle, sich an einem vielstimmigen Konzert zu beteiligen, aus dem der Hagener Impuls nicht wegzudenken ist.

Barbara Welzel

Dortmund, im Juni 2010

Abbildungsnachweis

Bildarchiv Foto Marburg: S. 10 Hagener Bahnhof, Gleishalle – S. 30 Porträtfoto Gertrud Osthaus in einem Kleid von Henry van de Velde – S. 32 Villa Elfriedenhöhe Hagen, Salon (zerstört) – S. 40–41 Historische Innenaufnahmen des Museum Folkwang, Innenausstattung von Henry van de Velde – S. 42–45 Alhambra, Granada – S. 52 Historische Aufnahme der Ausstellung im Museum Folkwang Hagen – S. 64 Außenansicht des Hohenhofs – S. 65 Gartenseite des Hohenhofs – S. 69 Hohenhof, Empfangszimmer und Haupttreppe von der Halle aus – S. 76 Gläser von Peter Behrens – S. 77 oben Anrichte im Speisezimmer des Hohenhofs – S. 79 Teeservice von Henry van de Velde – S. 81 Wintergarten im Hohenhof – S. 84 Kaminzimmer im Hohenhof – S. 87 Schlafzimmer im Hohenhof – S. 88 Hohenhof, abgesenkter Garten mit Brunnen – S. 89 Hohenhof, Arkadengang unter der Pergola mit den beiden ältesten Söhnen der Familie – S. 92 Krematorium von Peter Behrens in Hagen-Delstern – S. 93 Peter Behrens, Modell für das Krematorium – S. 108 Japanische Theater-Maske aus dem Besitz des Folkwang Museum Hagen – S. 115 oben Maschinensaal Vorster, Gestaltung von Henry van de Velde – S. 115 unten Verwaltungs- und Lagergebäude der Firma Lehnkering, Architekten: Leopold und Heinrich Ludwigs – S. 118 J. L. M. Lauweriks, Siedlung am Stirnband – S. 123 Richard Riemerschmid, Siedlung im Wasserlosen Tal – S. 125 Kaufhaus der Gebrüder Alsberg in Hagen – S. 126 Henry van de Velde, Sitzungssaal der Hagener Textilindustrie im ehemaligen Verwaltungsgebäude der Elbersdrucke – S. 127 Bruno Paul, Salon der »George Washington«

Deimel + Wittmar: S. 33 Hohenhof, Damenzimmer – S. 74 Hohenhof, Speisezimmer – S. 78 Hohenhof, Raumflucht auf der Nord-Süd-Achse von der Halle durch den Salon und das Herrenzimmer in den Garten – S. 86 Hohenhof, Schlafzimmer mit dem Frisiertisch

Deutsches Textilmuseum Krefeld: S. 27 Henry van de Velde, Dekorationsstoff, Stoffbahn, um 1904, Hagener Textilindustrie A.G., vormals Gebr. Elbers, Hagen, Baumwolle in Leinwandbindung, Maschinendruck, 99 x 78 cm, KWM TX 23, ZV 349–1982, DTM 16292 – S. 83 Henry van de Velde, Kleiderstoff, Mustercoupon mit Webkante, 1901, Deuss & Oetker, Krefeld, Seide, Jaquardgewebe, 17 x 25 cm, KWM TX 19, ZV 1982-391

Deutsches Tanzarchiv Köln: S. 98 Programm zum Tanzabend mit Alexander Sacharoff in Hagen am 24.3.1911 – S. 99 Alexander Sacharoff in einem Tanz um 1912 (Foto Heinrich Hoffmann)

Henry van de Velde-Gesellschaft e.V., Hagen: Dauerleihgaben an das Osthaus Museum Hagen: S. 63 Henry van de Velde mit Plänen in seinem Atelier in der Kunstgewerbeschule, Weimar (Foto Louis Held) – S. 83 Gürtelschließe von Henry van de Velde, um 1898

Historisches Centrum Hagen: S. 21 Harkortsche Fabrik in Haspe, Foto von Dorn und Merfeld, Leipzig, 1886 (Stadtmuseum Hagen) – S. 113 oben Ansicht des 1910 eröffneten Hagener Hauptbahnhofs, Foto, um 1935 (Stadtarchiv Hagen) – S. 113 mitte Altenhagener Brücke, Foto, vor 1909 (Stadtarchiv Hagen) – S. 113 unten Museum Folkwang Hagen, Foto von Wilhelm Grenz, Hagen, 1910 (Stadtarchiv Hagen)

Museum Folkwang, Essen: S. 51 Vincent van Gogh, Porträt Arman Roulin, Öl auf Leinwand, 65 x 54,1 cm, Inv. Nr. G 63 – S. 53 Uli-Figur vom Typ lembankákat egilámpe, Ende 19. oder Anfang 20. Jahrhundert, Holz geschnitzt, bemalt, Muschelschalen, 115 cm hoch, Inv. Nr. K617 – S. 61 Fliesenpaneel aus der Sammlung von Karl Ernst Osthaus, Leihgabe an das Osthaus Museum Hagen

Nachlass Helga Laves, geb. Osthaus: S. 30 Karl Ernst Osthaus im Wintergarten des Hohenhofs (Foto vermutlich von Käthe Severin-Bernstein) – S. 85 links Die Schwestern Helga (links) und Imogen Osthaus im Kinderzimmer des Hohenhofs – S. 85 rechts

Die Brüder Eberhard, Manfred und Waldemar (von links nach rechts) im Herrenzimmer beim Schachspiel (Fotos Käthe Severin-Bernstein), Nachlass Helga Laves, geb. Osthaus **Osthaus Museum Hagen** (alle Fotos Achim Kukulies, Düsseldorf): S. 29 Ida Gerhardi, Porträt Karl Ernst Osthaus, 1903, Inv. Nr. K 425 – S. 48 Christian Rohlfs, Schlossbrücke in Weimar (Sternbrücke), um 1887, Öl auf Leinwand, 37, 5 x 50,0 cm, Inv. Nr. K 1145 – S. 49 Christian Rohlfs, Ruhr bei Hohensyburg, um 1902/03, Öl auf Leinwand, 54,0 x 78,5 cm, Inv. Nr. K 2387 – S. 68 Hohenhof, Halle mit Blick in Empfangszimmer, Damensalon und Wintergarten – S. 77 unten Henry van de Velde, Besteckserie Modell III, 1919/11 mit Monogramm von Karl Ernst Osthaus, Inv. Nr. K 3281 – S. 100 Milly Steger, Jephtas Tochter, 1919/1922, Bronze, 148 cm, Inv. Nr. K 4524 – S. 103 Milly Steger, Weibliche Halbfigur, um 1918, getönter Gips, 80 cm, Inv. Nr. K 2784 – S. 50 Karl Schmidt-Rottluff, Boote am Wasser (Boote im Hafen), 1913, Öl auf Leinwand, 77 x 90,5 cm, Inv. Nr. K1243 (Foto Friedrich Rosenstiel, Köln) **Karl-Ernst-Osthaus-Archiv im Osthaus Museum Hagen**: S. 37 Peter Behrens, Einladung zum Tanzabend mit Alexander Sacharoff am 26. März 1912 – S. 62 Henry van de Velde in seinem Atelier in der Kunstgewerbeschule, Weimar (Foto Louis Held) – S. 66 Gipsmodell des Hohenhofs, Nordostansicht, mit Plänen der Gartenvorstadt Hohenhagen im Hintergrund, aufgenommen im Atelier Henry van de Veldes in der Kunstgewerbeschule, Weimar (Fotograf unbekannt) – S. 82 Gertrud Osthaus im Hohenhof an der Schwelle der Verandatür im Wintergarten (Foto Käthe Severin-Bernstein), Archiv des Osthaus Museums **Roland Pieper, Münster**: S. 11 Hagener Hauptbahnhof – S. 14–15 Hagener Hauptbahnhof, Empfangshalle; Henry van de Velde, Laterne vor dem Hohenhof; J. L. M. Lauweriks, Gartentor in der Stirnbandsiedlung; Milly Steger, Schmied, 1913, Bronze, 84 cm, Osthaus Museum Hagen, Inv. Nr. K 4088, aufgestellt im Volkspark (weitere Fotos auf S. 107, 128) – S. 16–17, 20, 26 Johan Thorn Prikker, Fenster für die Empfangshalle des Hagener Bahnhofs – S. 23 J. L. M. Lauweriks, Haus für Johan Thorn Prikker in der Stirnbandsiedlung, Johan Thorn Prikker, Schablonenmalerei im Arbeitszimmer des Hohenhofs – S. 31 Spazierstock, der Karl Ernst Osthaus gehört haben soll, Historisches Centrum Hagen – S. 46 Außenansicht des Osthaus Museum (eh. Museum Folkwang) – S. 46 Brunnenhalle im Osthaus Museum (eh. Museum Folkwang), Innengestaltung von Henry van de Velde, mit Replik des Brunnens von Georges Minne – S. 60 Henry van de Velde, Fliesen im Eingangsbereich des Hohenhofs – S. 66 oben Hohenhof, Fenster des Speisezimmers – S. 72 Restaurierungsschablone für eine Wandgestaltung von Johan Thorn Prikker in einem der Stirnbandhäuser – S. 73 Hohenhof, Arbeitszimmer – S. 94 Peter Behrens, Krematorium in Hagen-Delstern, mit hochgefahrenem und mit abgesenktem Katafalk – S. 95 Detailansicht im Krematorium – S. 96 Außenaufnahme des Krematoriums – S. 97 zwei Innenaufnahmen im Krematorium – S. 101 Milly Steger, Jephtas Tochter, 1919/1922, Bronze, 148 cm, Osthaus Museum Hagen, Inv. Nr. K 4524 – S. 106 Haus der Milly Steger in der Stirnbandsiedlung von J. L. M. Lauweriks – S. 109 Stadttheater in Hagen mit den vier Skulpturen von Milly Steger – S. 117 Peter Behrens, Villa Cuno in der Gartenvorstadt in Hagen Emst – S. 119 J. L. M. Lauweriks, Haus für Johan Thorn Prikker am Stirnband – S. 122 Richard Riemerschmid, Siedlung im Wasserlosen Tal

Copyright

Zum Weiterlesen für Jugendliche und Erwachsene

Für das Buch wurde vielfältige Literatur verwendet. Das Osthaus Museum hat in den letzten Jahrzehnten systematisch Forschungen zu einzelnen Bauten, Werkgruppen, Projekten und Archivbeständen vorgelegt. Aus dieser Fülle sei hier – zusammen mit wenigen weiteren Titeln – stellvertretend eine Auswahl genannt, über die sich weitere Literatur gut erschließen lässt:

Herta Hesse-Frielinghaus u.a. (Hg.), Karl Ernst Osthaus. Leben und Werk, Recklinghausen 1971

Karl Ernst Osthaus, Reden und Schriften. Folkwang – Werkbund – Arbeitsrat, hg. und kommentiert von Rainer Stamm, mit einem Beitrag von Rainer K. Wick (Kontexte 3), Köln 2002

»mit der Sonne selbst malen« – Johan Thorn Prikker und der Aufbruch der Moderne in der Glasmalerei, hg. von Myriam Wierschowski, Ausstellungskatalog Linnich 2007

Rouven Lotz, Johan Thorn Prikker in Hagen, Hagen, soll 2010 erscheinen

Rainer Stamm, Der Folkwang-Verlag – Auf dem Weg zu einem imaginären Museum, Frankfurt a. M. 1999

Birgit Schulte (Hg.), Werke der klassischen Moderne aus dem Karl Ernst Osthaus Museum, Hagen 2006

Birgit Schulte (Hg.), Christian Rohlfs. Musik der Farben, Sammlungskatalog Hagen 2009

»Das schönste Museum der Welt« – Museum Folkwang bis 1933. Ausstellungskatalog Essen 2010

»Das schönste Museum der Welt« – Museum Folkwang bis 1933. Essays zur Geschichte des Museum Folkwang (Folkwang Texte 1), Göttingen 2010

Rouven Lotz, Der Hagener Hohenhof. Das Landhaus für Karl Ernst Osthaus von Henry van de Velde, Hagen 2009

Henry van de Velde. Ein europäischer Künstler in seiner Zeit, hg. von Klaus-Jürgen Sembach und Birgit Schulte, Ausstellungskatalog Köln 1992

Die Sacharoffs. Zwei Tänzer aus dem Umkreis des Blauen Reiters, hg. von Frank Manuel Peter und Rainer Stamm, Ausstellungskatalog Köln/München 2002/03, Köln 2002

Birgit Schulte (Hg.), Die Grenzen des Frauseins aufheben. Die Bildhauerin Milly Steger, Hagen 1998

Gisela Moeller, Peter Behrens in Düsseldorf. Die Jahre von 1903 bis 1907, Weinheim 1991

Peter Behrens und Nürnberg. Geschmackswandel in Deutschland. Historismus, Jugendstil und die Anfänge der Industrieform, hg. von Peter-Klaus Schuster, Ausstellungskatalog Nürnberg 1980

Nic.-H. M. Tummers, Der Hagener Impuls. J. L. M. Lauweriks' Werk und Einfluss auf Architektur und Formgebung, Hagen 1972

Andrea Sinzel (mit einem Beitrag von Christina Bleszynski), »Die Idee aber will weiter wachsen.« Planung und Bau der Arbeitersiedlung ›Walddorf‹ durch Richard Riemerschmid (Hagener Hefte zur Kunst & Kulturgeschichte 3), Hagen 2002

Deutsches Museum für Kunst in Handel und Gewerbe, hg. von Kaiser Wilhelm Museum Krefeld und Karl Ernst Osthaus Museum der Stadt Hagen, Ausstellungskatalog Krefeld/Hagen 1997/98, Gent 1997

Moderne Baukunst 1900–1914. Die Photosammlung des Deutschen Museums für Kunst in Handel und Gewerbe, Ausstellungskatalog Krefeld/Hagen/Berlin 1993/94/95, Krefeld 1993

Eine aktuelle Gesamtdarstellung der Projekte des Hagener Impulses – mithin eine zeitgemäße Darstellung, die nach vielen Jahren der Einzelforschung eine neue Synthese wagt – ist ein dringendes Desiderat der Forschung. Sie müsste deutlich machen, welchen Rang der Hagener Impuls – im Konzert mit der Mathildenhöhe in Darmstadt, der Kunstgewerbeschule in Weimar und dem Bauhaus in Dessau – in der europäischen Moderne einnimmt. Während die Bauten in Weimar und in Dessau inzwischen anerkanntermaßen zum Weltkulturerbe zählen, ist die Bedeutung Hagens noch immer nur besser Informierten bekannt.

Zu den kenntnisreichsten und engagiertesten Würdigungen gehören noch immer die knappen Bemerkungen von:

Walter Grasskamp, Museumsgründer und Museumsstürmer. Zur Sozialgeschichte des Kunstmuseums, München 1981, S. 101–104

Das für dieses Buch weiterentwickelte Konzept, Kunstgeschichte als Forschung und Welterkundung zu vermitteln, wurde erstmals erprobt in:

Birgit Franke und Barbara Welzel mit Illustrationen von Frank Georgy, Dortmund entdecken. Schätze und Geschichten aus dem Mittelalter (Dortmunder Mittelalter-Forschungen 11), 2. Auflage Bielefeld 2009

Eine Projektdokumentation, die Legitimationen und Anregungen enthält:

Barbara Welzel (Hg.), Weltwissen Kunstgeschichte. Kinder entdecken das Mittelalter in Dortmund (Dortmunder Schriften zur Kunst. Studien zur Kunstdidaktik 10), Norderstedt 2009

Zum didaktischen Konzept des »Mapping« modellhaft:

Klaus-Peter Busse/Rudolf Preuss/ Kurt Wettengl (Hg.), U-Westend. Ein Projekt kultureller Bildung (Dortmunder Schriften zur Kunst. Kataloge und Essays 9), Norderstedt, soll 2010 erscheinen

Anregungen auch in:
Methoden-Atlas/Künstlerisches Arbeiten (web.mac.com/klaus.peter.busse/Bild umgangsspiele/Willkommen.html)

Zahlreiche Anregungen zum Umgang mit Baukultur in schulischen Kontexten in:
Wüstenrot Stiftung (Hg.), Baukultur – Gebaute Umwelt. Curriculare Bausteine für den Unterricht, Ludwigsburg 2010

Als Modell zur Ortserschließung auch:
Bettina van Haaren/Barbara Welzel (Hg.), Kunst und Wissenschaft vor Ort: Der Hohenhof in Hagen (Dortmunder Schriften zur Kunst. Kataloge und Essays 10), Norderstedt, soll 2010 erscheinen

Adressen und Kontakte

Osthaus Museum Hagen
Museumsplatz 1, 58095 Hagen
Telefon: 02331 207 4770 (Besucherdienst)
02331 207 3138 (Kasse/Information)
http://www.kunstquartier-hagen.de

Das Osthaus Museum bildet heute zusammen mit dem Emil Schumacher Museum das Kunstquartier. Hier kann man Kunst, die auch schon Osthaus in Hagen sammelte und manchmal zum ersten Mal überhaupt in einem Museum vorstellte, entdecken und immer wieder neu bestaunen. Daneben wird zeitgenössische Kunst gezeigt – so wie Osthaus es sich für seine Heimatstadt gewünscht hatte. Im Jungen Museum gibt es eine eigene Abteilung für Besucher, die gern mehr erfahren möchten oder auch einmal selbst im Museum als Künstler arbeiten wollen. Museumspädagoginnen und Museumspädagogen veranstalten Führungen und besondere Programme für Kinder sowie für Erwachsene. Das Kunstquartier Hagen ist ein lebendiger Ort für die Begegnung aller Menschen mit Kunst.

Hauptbahnhof Hagen und Glasmalerei »Der Künstler als Lehrer für Handel und Gewerbe« von Johan Thorn Prikker
Hauptbahnhof Hagen, Berliner Platz

Der Bahnhof ist ständig geöffnet, und das Fenster kann man sich von Sonnenaufgang bis Sonnenuntergang anschauen.

Historisches Centrum Hagen/Stadtmuseum
Eilper Strasse 71–75, 58091 Hagen
Telefon: 02331 207 2740
http://www.historisches-centrum.de

Im Stadtmuseum Hagen kannst du dich über die Geschichte der ganzen Stadt gut informieren. Das Historische Centrum verwaltet neben dem Stadtmuseum ein wichtiges Archiv zur Stadtgeschichte – das Stadtarchiv – und zeigt im Wasserschloss Werdringen eine große Abteilung zur Ur- und Frühgeschichte Hagens, wo es neben Zeugnissen der ältesten Menschen in Westfalen unter anderem das Modell eines großen Mammuts sowie eine beeindruckende Fossiliensammlung zu entdecken gibt. Versteinerte Pflanzen und Tiere hatte auch Karl Ernst Osthaus für sein Museum gesammelt. Im Haupthaus in Eilpe findest du Informationen über Osthaus.
Er hat sich dafür eingesetzt, in Hagen ein Historisches Museum zu gründen.

Hohenhof und Hohenhagen
Stirnband 10, 58093 Hagen
Telefon: 02331 207 4770 (Hohenhof: 55990)
Informationen über die Homepage des Museums: http://www.kunstquartier-hagen.de

Der Hohenhof, heute ein Museum, steht im Zentrum des etwa 20 Hektar großen Areals der Gartenvorstadt Hohenhagen in Eppenhausen – dazu gehören auch ein Stück der Haßleyer Straße, Stirnband, Goldene Pforte, Amselgasse und Unter Kastanien. Die Häuser von Henry van de Velde, Mathieu Lauweriks und Peter Behrens sind hier zu finden; bis auf den Hohenhof und die Villa Cuno werden sie auch heute von Hagener Familien bewohnt.

Eduard-Müller-Krematorium
Am Berghang 30, 58093 Hagen
Telefon: 02331 207 4770

Das von Peter Behrens entworfene Krematorium liegt am Friedhof in Delstern und wird als Trauerhalle bis heute genutzt. Besichtigen kann man es im Rahmen von Führungen, die durch das Osthaus Museum Hagen angeboten werden.

Theater Hagen
Elberfelder Straße 65, 58095 Hagen
Telefon: 02331 207 3218
http://www.theater.hagen.de

Walddorf-Siedlung
Walddorfstraße 1–21, 58093 Hagen
Telefon: 02331 207 4770
Informationen über die Homepage des Museums http://www.kunstquartier-hagen.de oder http://www.route-industriekultur.de/themenrouten/tr19/walddorfsiedlung.html

Das Haus Nummer 17 kann im Rahmen von Führungen, die das Osthaus Museum Hagen veranstaltet, besichtigt werden. Hier darf man aber auch einmal durch die Fensterscheibe in den Wohnraum gucken.

Hagener Textilindustrie (Elbershallen)
Dödterstraße 10, 58095 Hagen
http://www.elbershallen.de

Die Gebäude der Hagener Textilindustrie werden unter dem Namen »Elbershallen« als Kulturfabrik für Freizeit und Kulturangebote genutzt. Hier stehen auch das alte Turbinenhaus an der Volme sowie das große ehemalige Verwaltungsgebäude, das heute von der städtischen Musikschule genutzt wird und früher mit einem Sitzungssaal von Henry van de Velde eingerichtet war.

Spedition Lehnkering
Berliner Straße 14, 58135 Hagen
http://www.baukunst-nrw.de/index.php?oid=557

Das Lagerhaus der Spedition ist ein Beispiel für die Bauten des Hagener Impulses in Haspe. Entworfen wurde es von den Gebrüdern Heinrich und Leopold Ludwigs. Leopold Ludwigs hatte bei Peter Behrens und Mathieu Lauweriks an der Düsseldorfer Kunstgewerbeschule studiert. Sein Architekturbüro hat in Hagen zahlreiche Häuser gebaut, die man am eigenen Stil des Büros und an kleinen Plaketten mit der Bezeichnung »Gebr. Ludwigs« erkennen kann.

Museum Folkwang
Museumsplatz 1, 45128 Essen
http://www.museum-folkwang.de

Die zweite Heimat der Sammlung von Karl Ernst Osthaus liegt in Essen. Dort kann man noch heute große Teile der Hagener Folkwang-Sammlung finden, aber auch sehen, wie es seit 1922 in Essen weiter gegangen ist.

Das Buch-Team

Barbara Welzel ist seit 2001 Professorin für Kunstgeschichte an der Technischen Universität Dortmund. Sie wurde 1961 geboren und hat in Bochum und Berlin Kunstgeschichte studiert. Danach hat sie an den Berliner Museen gearbeitet sowie unter anderem an der Universität Marburg unterrichtet. Sie war einige Zeit in einem Verlag tätig und hat an Ausstellungen mitgearbeitet. Seit 2009 gehört sie zum Vorstand des Verbandes Deutscher Kunsthistoriker. Sie hat zahlreiche Publikationen zur mittelalterlichen Kunst in Dortmund, zur Kunst aus den Niederlanden, zur Geschichte des Sammelns und zum kulturellen Gedächtnis vorgelegt. Seit vielen Jahren engagiert sie sich für die Vermittlung von Kunstgeschichte. Deshalb interessiert sie gerade auch Karl Ernst Osthaus mit seinen Projekten.

Birgit Franke ist Kunsthistorikerin. Sie wurde 1953 geboren und hat in Berlin Kunstgeschichte und Theaterwissenschaft studiert, eine Erzieherausbildung absolviert und in der Lehrerfortbildung gearbeitet. An den Berliner Museen hat sie mehrere Jahre lang Besuchern aller Altersgruppen historische Kunst vermittelt. Seit einiger Zeit hält sie an der Technischen Universität Dortmund Seminare und ist immer wieder an Ausstellungen beteiligt. Ihre zahlreichen Publikationen befassen sich vorrangig mit höfischen Kunstwerken, Festen und Gärten des 14. bis 17. Jahrhunderts. Zur Zeit erforscht sie die ritterliche Liebeskultur und die Spuren der maurischen Kunst an den spätmittelalterlichen Fürstenhöfen. Außerdem erfindet und erzählt sie gern Geschichten.

Birgitt Borkopp-Restle ist seit 2009 Professorin für die Geschichte der textilen Künste an der Universität Bern. Sie wurde 1958 im Rheinland geboren. Nach dem Studium der Kunstgeschichte in Bonn hat sie an verschiedenen Museen gearbeitet – zuerst am Museum Schnütgen in Köln, dann am Germanischen Nationalmuseum in Nürnberg, schließlich als Konservatorin der Textilsammlung am Bayerischen Nationalmuseum in München. Hier und in Köln, wo sie eine Zeitlang das Museum für Angewandte Kunst leitete, hat sie eine Reihe von Ausstellungen veranstaltet, darunter auch eine von Werken islamischer Kunst. Ihr Forschungsinteresse gilt vor allem den textilen Künsten und der Ornamentik sowie der Einrichtung und Ausgestaltung von Räumen.

Rouven Lotz ist Kunsthistoriker und Textilwissenschaftler. Er wurde 1977 geboren und hat seit 1999 bereits als Student im Osthaus Museum Hagen sowie zeitweise im Jüdischen Museum in Berlin gearbeitet. Das Studium hat er mit einer Arbeit über den Hohenhof abgeschlossen, im Anschluss daran folgte ein wissenschaftliches Volontariat im Osthaus Museum. Er ist Geschäftsführer der Henry van de Velde-Gesellschaft e.V., arbeitet an Vorträgen und Veröffentlichungen zur Kunst der klassischen Moderne und hat einen Lehrauftrag an der Technischen Universität Dortmund. Seit Juli 2010 ist er Kustos am Emil Schumacher Museum Hagen.

Frank Georgy ist Grafik-Designer und Illustrator. Während die meisten Menschen werktags arbeiten müssen, geht Frank Georgy seiner Lieblingsbeschäftigung nach: Bücher gestalten!
Frank Georgy ist Jahrgang 1969. Mit Buchillustrationen zu der Erich Kästner Moritat »Arthur mit dem langen Arm« beendete er 2001 sein Grafik-Design-Studium. Bereits 1998 begann er unter dem Namen kopfsprung als freischaffender Grafiker, Typograf und Illustrator zu arbeiten – seit 2004 mit einem eigenen Büro in Köln. Als Lehrbeauftragter unterrichtet er seit 2001 an der Technischen Universität Dortmund.

Wir danken für die Unterstützung

technische universität dortmund

b UNIVERSITÄT BERN

FernUniversität in Hagen

Deutsches Dokumentationszentrum für Kunstgeschichte
BILDARCHIV FOTO MARBURG

OSTHAUS MUSEUM
EMIL SCHUMACHER MUSEUM
KUNSTQUARTIER HAGEN

Sparkasse Hagen

Karl Ernst Osthaus-Bund
Hagener Kunstverein e.V.

Märkische Bank eG
Ihre Volksbank ganz nah

FRITZ-BERG-GEDÄCHTNISFONDS
der SIHK zu Hagen

Christine Scharlau
Coaching ▪ Organisationsberatung
www.christine-scharlau.de